中央高校基本科研业务费专项资金资助项目（项目编号：2015ZCQ-WY-01）
教育部大学英语教学改革示范点项目
教育部高等学校特色专业建设点（英语专业）项目
北京市与中央在京高校共建项目"基于中西文化教育的大学英语教学改革"
北京高等学校"青年英才计划"（项目编号：YETP0783）
北京林业大学教改项目

西方文化背景

主　编　南宫梅芳　訾　缨　白雪莲

副主编　罗凌志　王雪梅

编　者　（按姓氏拼音排列）

　　　　李　芝　刘晓希　罗　灿　吕丽塔　施　兵

　　　　王　恬　武田田　许景城　姚晓东

图书在版编目(CIP)数据

西方文化背景 / 南宫梅芳，訾缨，白雪莲主编 . —北京：北京大学出版社，2016.4
（高等学校本科英语教改新教材）
ISBN 978-7-301-26453-9

Ⅰ. ①西… Ⅱ. ①南… ②訾… ③白… Ⅲ. ①英语—阅读教学—高等学校—教材 ②西方文化—概况 Ⅳ. ① H319.4：G

中国版本图书馆 CIP 数据核字 (2015) 第 252260 号

书　　名	西方文化背景
著作责任者	南宫梅芳　訾　缨　白雪莲　主编
责任编辑	李　颖
标准书号	ISBN 978-7-301-26453-9
出版发行	北京大学出版社
地　　址	北京市海淀区成府路 205 号　100871
网　　址	http://www.pup.cn　　新浪微博：@北京大学出版社
电子信箱	zpup@pup.cn
电　　话	邮购部 62752015　发行部 62750672　编辑部 62754382
印刷者	三河市博文印刷有限公司
经销者	新华书店
	787 毫米 ×1092 毫米　16 开本　8.75 印张　180 千字
	2016 年 4 月第 1 版　2019 年 12 月第 4 次印刷
定　　价	29.00 元

未经许可，不得以任何方式复制或抄袭本书之部分或全部内容。
版权所有，侵权必究
举报电话：010-62752024　电子信箱：fd@pup.pku.edu.cn
图书如有印装质量问题，请与出版部联系，电话：010-62756370

前　言

当前,我国大学英语教学改革正处在一个非常重要的发展阶段。2010年7月,党中央、国务院颁布实施了《国家中长期教育改革和发展规划纲要(2010—2020年)》,对包括高等教育在内的各级各类教育改革发展做出了全面部署,其中特别强调要深化教学改革,提高人才培养质量,要"培养大批具有国际视野、通晓国际规则、能够参与国际事务与国际竞争的国际化人才"。

进入新世纪以来,随着国家需求、社会需求和学生需求的变化,大学英语教学面临着发展的关键时刻,在这一背景下,重新审视大学英语的定位,探索实现大学英语课程教学内容的创新与突破是十分重要的。新形势下的大学英语课程不仅是一门语言基础课程,也是为学生未来的学术研究打基础、拓宽国际化视野、了解世界文化的素质教育课程,兼有专业性和人文性。

在这一思想的指导下,北京大学出版社推出了由北京市教学名师史宝辉教授担纲总主编的"高等学校本科英语教改新教材"系列,主要包括《中国古代社会与文化英文教程(第二版)》《中国当代社会与文化英文教程(第二版)》《西方文化读本(第二版)》和《西方文化背景》,其中《中国当代社会与文化英文教程(第二版)》在2015年荣获"第四届中国大学出版社图书奖优秀教材一等奖"。

该系列教材具有以下创新点:

● 契合教育部《完善中华优秀传统文化教育指导纲要》的主旨思想,以培养学生的人文素质和文化素质为己任,是新一轮大学英语教学改革的未来方向,得到了教育部大学英语教学改革办公室及大学英语教学指导委员会的一致认可。

● 教材秉承以内容为依托的编写理念,使学生在语言输出实践中了解中西方语言与文化,学会如何使用流畅、得体的英语将中西文化领域的话题进行话语构建和表达,从而实现语言与文化两个层面的输出。

● 该系列教材融知识性和趣味性于一体,在选材时尽量将历史概述与具体故事相结合,调动学生对阅读的兴趣;凸显重要主题,课程内容生动、直观,符合90后大学生的认知心理。

本次推出的《西方文化背景》是《西方文化读本(第二版)》的姊妹篇,在选材时尽量将历史概述与具体故事相结合,为学生展现了西方文化的概貌。全书分为8个单元,内容与《西方文化读本(第二版)》相对应,包括古希腊文明、罗马帝国与拉丁文化、圣经及其历史、中世纪与现代欧洲的形成、文艺复兴与宗教改革、启蒙运动与现代科学的诞生、浪漫主义与现实主义、现代主义与西方当代文化等内容。每个单元分为西方文化概览和文化背景知识词条解释两大部分内容。文化概览涵盖了《西方文化读本(第二版)》全部选篇的中文译文;文化背景知识词条按照单元进行划分,对每个单元所出现的文化背景知识逐条进行阐释,这样既降低了学生的学习难度,又进一步拓宽了知识面,同时也为教师备课提供了帮助。在试用过程中受到了任课教师和学生的欢迎。

本教材读者群广泛,主要读者对象为大专院校非英语专业本科生和研究生,也可供英语专业本科生和其他英语爱好者使用。

本教材是北京林业大学外语学院参与中央高校基本科研业务费专项资金资助项目(项目编号:2015ZCQ-WY-01)、教育部大学英语教学改革示范点项目、教育部高等学校特色专业建设点(英语专业)项目、北京市与中央在京高校共建项目"基于中西文化教育的大学英语教学改革"、北京高等学校"青年英才计划"和北京林业大学校级教改项目"基于文化素养教育的大学英语教学改革"和"大学英语中西文化课程教学网站建设"项目教师集体编写的产物,特此感谢上述机构对本项目研发的资助。

为满足教学急需,编写过程时间紧、任务重,信息量大,难免出现疏漏或不当之处,欢迎广大使用者提出批评指正,我们将在今后的修订过程中进一步修改完善。

编者

2015年12月

目 录

第一单元　古希腊文明 …………………………………………… 1
第二单元　罗马帝国与拉丁文化 ………………………………… 17
第三单元　希伯来文化与耶稣的诞生 …………………………… 33
第四单元　中世纪与现代欧洲的崛起 …………………………… 47
第五单元　文艺复兴与宗教改革 ………………………………… 61
第六单元　启蒙运动与现代科学的先声 ………………………… 79
第七单元　浪漫主义与现实主义 ………………………………… 95
第八单元　现代主义与当代西方文化 …………………………… 111
　　　　　词条总表 ……………………………………………… 130

第一单元

古希腊文明

课前导读

在学习本单元内容前，请思考以下问题：

- 说到古希腊你首先会想到什么？是特洛伊战争或奥林匹克运动会这些有趣的故事吗？请与同学分享你所知道的知识。

- 你了解希腊神话吗？你能说出希腊神话中诸神或英雄的名字吗？你知道他们的故事吗？

- 请介绍苏格拉底、柏拉图或亚里士多德的成就。为什么说他们奠定了西方哲学的基础？

文化概览

古希腊神话

希腊神话是古希腊人神话和教义的总和，内容涉及神祇和英雄、世界的性质、古希腊人的宗教崇拜和仪式的起源及意义等。众神、英雄和怪兽的故事是古希腊人日常生活的重要组成部分。这些故事解释了从宗教仪式到天气在内的所有一切，并为人们所处的世界赋予了意义。

希腊神话的中心是众神的故事，传说他们住在希腊最高的奥林匹斯山上。奥林匹斯众神外貌看起来与尘世男女一样（尽管他们可以随意变成动物或者其他形态），而且正如许多神话所讲述的，也具有人类的种种弱点和情感。

宙斯是众神，或者说是神的家族的主神。他用骇人的雷电主宰天空。在强烈雷暴的天气里，很多古希腊人都害怕宙斯的怒火。宙斯的妻子赫拉是女性和婚姻之神。

波塞冬据说是宙斯的哥哥，他是海洋的统治者，也能够制造地震。古希腊水手和渔民都相信，在被无视时波塞冬会用他的三叉戟重击地面。三叉戟是一种有三个叉的矛枪，古希腊人用它来刺鱼，也拿它做武器。波塞冬挥动三叉戟能导致海难，但他也能开辟新的岛屿，会赐予水手食物并为他们保驾护航。

大哥哈迪斯掌管着冥界。希腊人认为他们死后会去往哈迪斯的阴曹地府，在那里他们虽然能得到公平对待，但哈迪斯永远不会让他们重返熟悉的人间。

古希腊神话不仅讲述了男神和女神的故事，人类英雄同样重要。例如冒险家赫拉克勒斯，他完成了欧律斯特斯国王下达的十二项不可能完成的任务；第一个女人潘多拉，她的好奇心将邪恶带到人间；还有那喀索斯，他爱上自己倒影，等等。此外，怪兽和半兽人也在希腊神话中具有重要作用，其中有双翼飞马佩加索斯、人马兽肯陶洛斯、狮身女怪斯芬克斯、鹰身女妖哈皮等。这些怪物也和希腊神话中的男神、女神和人类英雄一样广为人知。

希腊神话对西方文明，包括文化、艺术和文学都产生了广泛影响，一直是西方文化遗产和语言的组成部分。但丁、莎士比亚和弥尔顿等伟大作家经常提到希腊神话，所以想要真正欣赏他们的作品就必须对希腊神话有一定的了解。奥地利心理学家弗洛伊德根据俄狄浦斯的神话创造了"俄狄浦斯情结"（恋母情结）一词。神谕宣称，俄狄浦斯会杀

第一单元 古希腊文明

父娶母。弗洛伊德认为,这种对同性别父或母的嫉妒以及对异性别父或母的爱是所有孩子在成长中都要经历的阶段。在日常使用中,特洛伊木马,即导致特洛伊城沦陷的木马,指的是那些看起来悦人心意,实则威胁重重的东西。在计算机科学里,特洛伊木马病毒(常简称为特洛伊)是一种计算机程序,看起来有用而且无害,例如一款免费电脑游戏,但这种程序实际上会导致电脑被非法入侵。很多品牌名称也源于希腊神话,例如运动品牌耐克用了胜利女神的名字。而著名的亚马逊河也是以神秘的亚马逊女战士部族来命名的。

(Based on http://en.wikipedia.org/wiki/Greek_mythology#Motifs_in_Western_art_and_literature
http://www.mrdowling.com/701-mythology.html
http://www.history.com/topics/greek-mythology
http://www.netplaces.com/classical-mythology/the-gods-and-goddesses-live-on/myths-in-everyday-life.htm)

城邦国家:雅典和斯巴达

古希腊人拥有统一的语言、文化和宗教。任何不讲希腊语的人都被他们视为蛮族。虽然古希腊人之间有很多相似之处,但他们又是相互独立的。他们都以自己所属的城邦国家为荣。城邦国家是一个自治的城市,拥有自己的法律、风俗、货币和军队。希腊人的忠诚是对自己城邦国家的忠诚。这些城邦国家一方面保持独立性,一方面又经常与其他城市结盟,形成同盟、联盟或联邦。当城市周围多岩石的地形无法承载日益增长的人口时,该城便会派人沿地中海其他地区开拓新领地。

在古希腊纠纷最多,同时也留下最多传统的两大竞争对手是雅典和斯巴达。从地图上看,这两个城邦紧紧相依,但他们所推崇的价值观和生活方式却截然不同。

雅典:思想库/智库

雅典城邦是许多重要思想的诞生地。古代雅典人是一个颇具思想性的民族,他们喜欢对科学、哲学和历史等学科进行系统的研习。

雅典人重视艺术、建筑和文学。他们建造了数以千计的庙宇和雕像来表现他们对美的理解。今天人们用"古典的"来形容他们历久不衰的艺术和建筑风格。雅典拥有民主制的政府,政府权力由一部分人共有。

生活对于雅典女性来说并不容易。她们不能享有与男性同等的权利或特权,几乎和奴隶一样地位卑微。

斯巴达：军事强国

斯巴达人的生活与雅典人迥然不同。城邦国家斯巴达位于希腊南部的伯罗奔尼撒半岛上，它发展成为军事主义国家，由两个国王和一个寡头政治集团所统治，即由一个小集团实施政治统治。

在斯巴达的早期历史中，一次暴力血腥的奴隶起义使斯巴达人对社会进行了变革。斯巴达人莱克格斯起草了一系列严苛的法律，要求斯巴达人对自己的城邦具有绝对的献身精神，目的在于将斯巴达公民训练成坚强的战士，能够击退潜在的敌人和奴隶起义。这样做的结果是，斯巴达人形成了一套刻板的生活方式，与当时希腊其他地区的情况全然不同。他们倾力将自己的城邦打造成军事强国，因而无暇研究文学艺术。

斯巴达婴儿必须具备强健的体魄。为了测试他们的体力，父母会把孩子单独留在山上过夜，看他们是否能全靠自己坚持到第二天早上。七岁时，斯巴达男孩会被带离自己的家庭，经历严酷的军事训练。他们终年身着军装，吃少量清淡的食物，赤脚训练以使脚板更加坚硬，一旦违背命令将被处以重罚。男孩三十岁之前都要离家驻扎军营，甚至婚后亦如此。男子六十岁之前随时都要准备服兵役。

斯巴达的女性也必须忠于国家，为国奉献。女性和男性一样也要接受一套严格的训练项目，对斯巴达社会做出积极的贡献。虽然斯巴达女性没有选举权，但她们通常比其他希腊城邦国家的女性享有更多的权利，更具独立性。

因输而赢

雅典和斯巴达的巨大差异最终导致了两个城邦国家之间的战争。在伯罗奔尼撒战争中，斯巴达和雅典各自都集结了盟友，但由于任何一方的实力都不足以完全打败对手，这场战争打打停停持续了几十年。

伴随战争的是饥荒、瘟疫、死亡和不幸，但战争却不能扼杀人们的思想。尽管在军事上雅典最终投降了，但它的思想却传播到了整个希腊。经历了暂时的挫折倒退后，在随后的几个世纪里这些思想得到了更广泛的承认和发展。

(Based on http://www.ushistory.org/civ/5a.asp
http://www.historylink102.com/greece3/index.htm)

苏格拉底

苏格拉底(公元前470—前399)是当时最有智慧的哲学家。作为古希腊三贤中的第一位,他之后还有柏拉图和亚里士多德。今天苏格拉底被视为世上最伟大的道德导师,他的自制力和忍耐力无与伦比。

公元前470年左右,苏格拉底出生在雅典城郊区。他学习过雕刻,这也是他父亲的职业,但他很快便放弃这项工作,开始用自己的方式"寻求真理"。他的生活习惯简朴,身强体壮,所以只需最基本的生活必需品。虽然苏格拉底没有参与雅典的政治事务,但只要城邦号召,他便会行使自己的公民职责。他是一名勇敢的战士,在伯罗奔尼撒战争中作为一名步兵参与了若干次会战,以勇猛坚韧著称。

苏格拉底身材矮小肥胖,长着朝天鼻和大嘴巴。虽然他不修边幅,但当时的人们却非常喜欢与他相处,和他交流,并为他所说的话深深着迷。年轻的贵族军事天才亚西比德曾这样评价说:"苏格拉底的本性是如此美好、尊贵而又神圣,因此他所要求的一切人们都理所当然地遵从,就像接受神的旨意一样。"

苏格拉底不追逐金钱、名誉或权力,他终年身着一件粗糙的羊毛外衣,赤脚穿梭在公元前5世纪雅典的大街小巷。他与任何愿意倾听的人交谈,提出问题,评点各种回答,指出观点的缺陷和漏洞,这种对话方式被命名为"苏格拉底辩论"。

苏格拉底拒绝为真理而真理的浅薄观念,他求助于自己的良知以获取道德真理,还喜欢通过提出一些简单的问题来制造困惑。他努力揭示美德的真谛,探索生活的法则。他最喜欢攻击的对象是智者派,后者靠教育赚钱为生。据说"认识你自己"这句格言是他从德尔斐阿波罗神庙的神谕中学来的。他认为只有认识自己,才有可能认识真正美好的事物,而不是仅仅看外在表象。

苏格拉底的妻子占西比因说话尖酸刻薄和脾气火爆而在雅典臭名昭著。这位智者曾经开玩笑地说:"当我打算和各种人打交道时,我觉得只要能忍受占西比的坏脾气,其他无论什么人都不在话下了。"

苏格拉底并没有留下任何著作或论文。其生平的详细资料和理论学说通过历史学家色诺芬的《回忆苏格拉底》和哲学家柏拉图对话录中的记载保存了下来。苏格拉底的影响力主要是通过柏拉图和他杰出的学生亚里士多德在后世的哲学家身上得到传承。

然而苏格拉底却不被雅典的乌合之众和自私自利的政客们所欣赏。他善于揭穿浮夸骗局的才能使他四面树敌。最终他的三个政治对手以"不敬神祇"和"腐化青年"的罪名对他进行了指控。这些指控是诬告,但从政治角度却使用起来很方便。苏格拉底被判饮毒芹汁而死。他对法官留下的临别之言十分简单,柏拉图的《苏格拉底的申辩》中这样记录:"分手的时候到了,我们各行其道——我将死,你们会活下来,只有上天知道哪条道路更好。"

(Based on http://history-world.org/socrates.htm)

文化背景知识

1. Alcibiades 亚西比德（公元前450—前404） 古希腊雅典城邦最有能力和智谋的政治家以及军事领导者。出身于贵族世家，其父曾在阿忒米西翁海战中获得极大荣誉，母亲则是雅典最著名的阿尔克迈尼翁家族的女儿。亚西比德有着娴熟的政治技能，进入政界后很快赢得了众多的跟随者。尼采曾说，雅典曾诞生过两朵最高贵的天才之花，其中之一就是亚西比德。亚西比德与苏格拉底是生死之交，两人曾在伯罗奔尼撒战争中并肩作战。亚西比德在战争中以反复于雅典、斯巴达和波斯之间、左右局势而闻名，这场战争结束了雅典的古典时代，也结束了希腊的民主时代。亚西比德一生起伏跌宕，对其政治活动的评价可分三个阶段来进行。第一阶段：初入政界，崭露头角。参加奥林匹亚竞赛，为自己和城邦赢得了巨大荣誉，再加上出色的演讲才能，具备了一个优秀政治家的条件；第二阶段：西西里远征前后，时敌时友、反复无常；第三阶段：后期的政治活动，重为母邦出力，助雅典人进行海战，运用自己的计谋让雅典人重拾信心。后因一次小战失利，被剥夺职务，逃亡小亚细亚。公元前404年由于斯巴达的煽动，被波斯总督杀害。

2. Amazon Warriors 亚马逊女战士 古老的游牧部族，生活在欧亚大陆的交界处，大概位置在今天土耳其的黑海沿岸附近。该部族的最大特点是由清一色的女子组成，她们买卖男子进行生育，把生下的女孩留下，并养育成人。亚马逊部族的另一特点是尚武好战，她们在古代的传说中总是以勇猛无畏的女战士形象出现。今天保留下来的亚马逊部族的图画或雕刻中，大部分都是战斗场景。在古希腊的神话传说中，只有三位最著名的英雄曾经击败过亚马逊人，他们分别是大力神赫拉克勒斯、忒修斯和阿喀琉斯。

3. Aristotle 亚里士多德（公元前384—前322） 古希腊哲学家、科学家、教育家、思想家，古希腊哲学的集大成者。他是柏拉图的学生，亚历山大的老师，多才多艺，几乎对每个学科都做出了贡献，恩格斯称他为古希腊哲学家中"最博学的人"，马克思称他为"古代最伟大的思想家"。他的写作几乎触及古希腊的各个知识领域，包括逻辑学、伦理学、形而上学、心理学、经济学、神学、政治学、修辞学、自然科学、教育学、诗歌、风俗，以及雅典法律等。他留给后人的著作包括《工具论》《物理学》《伦理学》《政治学》《诗学》《形而上学》《修辞学》《论灵魂》等，构建了西方哲学的第一个广泛系统。亚里士多德继承和批判了柏拉图的思想，在他自己创办的学园中，他抛弃了柏拉图的唯心主义，把学习、讲授的重点转移到物质世界，他的方法论为现代西方科学奠定了基础。论及他与老师之间的关系时他说了一句流传至今的名言："吾爱吾师，吾更爱真理。"

4. Athens 雅典 古希腊奴隶制城邦,著名的文化艺术中心;现为希腊共和国的首都和最大的城市,位于巴尔干半岛南端,得名于智慧与战争女神雅典娜。雅典是世界上最古老的城市之一,有记载的历史就长达 3000 多年,被誉为"西方文明的摇篮",欧洲哲学的发源地,西方文化的源泉,对艺术、哲学、法律和科学作出了杰出的贡献。雅典诞生了苏格拉底、柏拉图等一大批哲学家、政治家,也被称为民主的起源地。雅典至今仍保留了诸多历史遗迹和大量艺术作品,其中最著名的是雅典卫城的帕特农神庙。雅典也是希腊体育运动的中心,是现代奥林匹克运动起源地。

5. Centaur (=Centaurus) 人马怪肯陶洛斯 希腊神话中半人半马的生物是拉庇泰国伊克西翁和乌云女神涅菲勒的儿子。他常与牝马交媾,生出一族人马怪(centaur)。他们头、手臂和胸部是人体,其余部分为马身。居住深山,性格残暴,嗜好酒色,常与人格斗。在希腊罗马神话中好色的人马怪代表人性中未开化、无法无天和本能的一面。在拉庇泰人的国王庇里托奥斯和希波达弥亚的婚宴上,喝醉酒的马人欧律提翁试图诱拐新娘,奸淫女宾,于是引起了拉庇泰人与马人之间的战斗,双方死伤惨重。在雅典英雄忒修斯的帮助下,拉庇泰人最终获胜,象征知识和理智战胜本能和动物情欲。有人认为人马怪是当时未见到过骑兵的希腊人对从中亚来的游牧民族的想象。由于马人粗野、酗酒的性格,他们也被认为是酒神狄俄尼索斯的随从,并常被用来形容那些酗酒的人。

6. Dante, Alighieri 阿利盖利·但丁(1265—1321) 意大利著名诗人、散文家、文艺理论家、哲学家和政治思想家,文艺复兴运动的先驱人物,以里程碑式的长诗《神曲》留名后世。恩格斯评价说:"封建的中世纪的终结和现代资本主义纪元的开端,是以一位大人物为标志的,这位人物就是意大利人但丁,他是中世纪最后一位诗人,同时又是新时代最初一位诗人。"但丁早年参加反对封建贵族和教皇的斗争,后被判终身放逐(1302),至死未能回到故里。在意大利,他与彼特拉克和薄伽丘并称为"三大源泉"和"三顶皇冠",同时也被誉为"意大利语之父"。但丁一生著作甚丰,代表作品有抒情诗集《新尘》、用意大利方言写成的史诗《神曲》。这部作品分为《地狱》《炼狱》《天堂》三篇,每篇 33 曲,加上序曲,正好 100 曲。但丁以自己为主人公,假想他作为一名活人对死人的世界进行了一次游历,与地狱、炼狱及天国中上百个各种类型的著名人物对话。作品反映出意大利从中世纪向近代过渡的转折时期发生的社会、政治变革,透露了文艺复兴时期人文主义思想的曙光,对中世纪政治、哲学、科学、神学、诗歌、绘画、文化作了艺术性的阐述和总结,是一座划时代的里程碑,一部百科全书式的鸿篇巨制。

7. Eurystheus 欧律斯特斯 古希腊神话中迈锡尼国王,珀耳修斯的孙子,曾命令赫拉克勒斯为他完成十二项不可能完成的任务。在赫拉克勒斯与欧律斯特斯出世之前,众神之王宙斯曾当众宣布,这天出生的珀耳修斯的第一个孙子将主宰所有其他的珀耳修斯子孙，统治整个迈锡尼家族。他是想把这份荣誉给他和情人阿尔克墨涅所生的一个儿子。司管生育的女神赫拉十分嫉妒这种光荣归于自己情敌的儿子，于是她施展诡计，让珀耳修斯的另一位孙子欧律斯特斯提前两个月降生，本来他要比赫拉克勒斯晚出世。因此，欧律斯特斯成了迈肯尼的国王，后出生的赫拉克勒斯成了他的臣民。后来，欧律斯特斯又听从赫拉的唆使对赫拉克勒斯大力迫害，并命令他去完成十二件沉重的苦役，也就是后来被人们所赞扬的赫拉克勒斯的十二项光辉业绩。

8. **Hades 哈迪斯** 古希腊神话中的冥界之王，同时也是财富之神，掌管地下各种矿产宝藏。其罗马名字为普路托（*Pluto*），太阳系中矮行星冥王星即取自该名称。他是第二代神王神后克洛诺斯和瑞亚的儿子，主神宙斯和海神波赛冬的兄长；在战胜父亲克洛诺斯后，兄弟三人抽签瓜分世界，他抽到了冥界，因而成为冥界的统治者。哈迪斯统治着大地之下阴暗的国土，臣民是游移在地府中的千千万万个幽魂。在古希腊罗马神话中冥王从来不是邪恶的神。没有人知道哈迪斯的长相，只知道他有一个隐身头盔。戴上这个头盔就会隐形，谁都无法看到他。人们认为冥王是不能被看见的，当一个人看到了冥王，那说明他的死期到了。人们甚至都不敢直呼其名，怕这名字真的将他召唤而来。他最喜爱的颜色是黑色，最爱的祭品是全身裹着黑纱的黑母羊或黑公牛；白杨树是他的圣树；水仙花则是他的圣花。

9. **Harpy 鸟身女妖哈皮** 古希腊神话中海神陶玛斯和大洋仙女厄勒克特拉所生四位女儿"暴雨""疾飞""黑风暴"和"疾行"的泛称。她们原先是风之精灵，冥王哈迪斯的传令者，负责把死者的灵魂送往冥界。在后来的传说中（主要是在菲纽斯故事中）才发展为丑陋凶残、污秽贪婪的鸟身女妖形象。哈皮神话中最著名的是菲纽斯神话。色雷斯国王菲纽斯滥用了太阳神赫利俄斯传授给他的预言本领，从而惹怒太阳神，使其晚年双目失明，也有版本说是因泄露天机太多而激怒了宙斯，在一座荒岛上遭受永久的饥饿，眼前有美食却吃不到，每当想用餐时，怪鸟哈皮就像飓风般的从空中扑下来贪婪地啄食，再往剩下的食物上排放粪便，最后逃之夭夭，留下一片令人难以忍受的恶臭。菲纽斯长期忍受着饥饿和痛苦，直到阿尔戈英雄们来到提尼亚岛上，将这几只怪物驱逐到遥远的边境。为了感谢英雄们的拯救，先知向他们透露了很多前程要面对的困难，以及该如何应对。

10. **Hera 赫拉** 古希腊神话中的天后，第二代神王神后克洛诺斯和瑞亚的女儿，宙斯的姐姐。她是宙斯的七次政治联姻中，最后娶的女神，最终成为了宙斯的唯一正室，被尊为天后，并得以负责分管婚姻和家庭。在奥林匹斯的十二主神中，她的地位仅次于她丈夫。赫拉为宙斯生下了三个孩子，分别是青春女神赫柏、战神阿瑞斯和助产之神埃勒提伊阿。天后赫拉是家庭和婚姻的保护神，而她的名字是希腊语"保护者"（heros）的阴性形式，即"女保护人"。

11. **Heracles 赫拉克勒斯** 古希腊神话中的大力神，最伟大的英雄，又名海格力斯,相当于罗马神话中的赫丘利(Hercules),主神宙斯与他最后一位凡间情人阿尔克墨涅之子,起名为阿尔喀得斯,备受宙斯宠爱。他被赫拉不停迫害,后来女预言家皮提亚赐给他赫拉克勒斯这一名字,意思是"因受赫拉迫害而建立功绩者"。他神勇无比,一生中完成了众多让人难以想象的伟大功绩:在婴儿期他就在摇篮中扼死过两条毒蛇,长大后经常除暴安良,杀死了众多为害一方的怪兽与恶人。他奔赴世界各地完成了十二项英雄业绩,还参加了众神对抗蛇足巨人族的巨灵之战,并在此战役中表现卓越。因得到众神的一致欣赏和认可,赫拉克勒斯死后升入天界成为神灵,宙斯还将女儿赫柏许配给了他。而赫拉克勒斯生前的伟大光辉形象也被置于夜空之中,便有了夜空中的武仙座。

12. Lycurgus 莱克格斯(约公元前700—前630) 斯巴达国王的儿子,政治家和立法者,公元前7世纪斯巴达的法典制定者。他为斯巴达建立了一套独特的法律和政治制度,这套制度不仅保证了相当长时期斯巴达的军事优势和实力,而且建构了斯巴达人严格而艰苦的生活方式。他于公元前610年实施"良法",重组斯巴达的政治架构,建立元老院;实行了土地、货币、婚姻制度等方面的改革,采取措施对奢侈的生活和财富的欲望给予有效的打击。莱克格斯改革主要着眼点在于使民众获得最大的心灵自由以及养成美德。他强调斯巴达人应养成任劳任怨、勇敢善战、忠心为国的风尚;认为整个城邦的幸福如同个人的幸福一样,系于德行的广为流布与领土范围之内的和谐。斯巴达因其改革执希腊诸城邦牛耳达五百年之久。莱克格斯在一切改革都尘埃落定后,出走他乡,走前和国人制定契约,要他们不改变自己的政治体制。最终莱克格斯认为自己还可通过死来激励国人,所以选择了自杀,骨灰撒入大海,圆满度过一生。

13. Mediterranean Sea 地中海 因介于亚、欧、非三大洲之间而得名,是联系欧洲南部各国和亚、欧、非三洲的重要水域。名字中的"medi"意为"在……之间","terra"意为"陆地",全名意为"陆地中间之海"。地中海东西长约4000千米,南北宽约1800千米,面积约为2512000平方千米,是世界最大的陆间海。西经直布罗陀海峡通大西洋,东北以土耳其海峡连接黑海,东南经苏伊士运河出红海,是沟通大西洋和印度洋的重要交通要道,被称为海上交通枢纽。从古代开始,地中海的海上贸易就很繁盛,曾对古埃及文明、古巴比伦文明和古希腊文明的兴起与更替起过重要作用。

14. Memorabilia《回忆苏格拉底》 古希腊历史学家、作家、苏格拉底最有名的学生之一色诺芬所写。该书记载了苏格拉底丰富的教育思想,是一部影响深远的著作。全书共四卷,外加一篇"苏格拉底在法官前的申辩"。该书第一卷前两章是色诺芬针对雅典法庭对苏格拉底的两项指控所做的辩护。在余下的篇章中,色诺芬对苏格拉底的学问、道德和口才做了逼真的描述。与柏拉图的同类著作相比,该书的侧重不在于深究苏格拉底的哲学思想,而在于记录一个真实的苏格拉底。此书对研究古希腊哲学史和古希腊社会史有很高的学术价值。

15. Mount Olympus 奥林匹斯山 坐落于希腊北部,希腊神话之源,古希腊人尊奉为"神山"。他们认为奥林匹斯山位于希腊中心,而希腊又居地球的中心,因此奥林匹斯山也就是地球的中心。那些统治世界、主宰人类的诸神就居住在这座高山上,其中包括天神宙斯、天后赫拉、海王波塞冬、丰收女神德墨忒尔、智慧女神雅典娜、太阳神阿波罗、月亮与狩猎女神阿尔忒弥斯、战神阿瑞斯、爱神阿佛洛狄忒、火神赫菲斯托斯、信使之神赫尔墨斯、酒神狄俄尼索斯等奥林匹斯十二神,即古希腊神话诸神中的主要神祇,这也使奥林匹斯山成为了力量和权力的绝对象征。

16. Narcissus 那喀索斯 希腊神话中的美少年,其父是河神刻斐索斯,母亲是水泽女神利里俄珀。他在水中看到自己的绝世容貌,从此欲罢不能,就这样死去并化成了水仙花。关于他的故事有很多版本,有的是说,被那喀索斯拒绝的仙女厄科因为伤心欲绝而香消玉减,最终消逝成山间的一缕回音;她不甘心地向复仇女神求助,请求她惩罚这个傲慢而美丽的男人,于是才发生了美少年爱上自己倒影的悲剧。另一说法则是那喀索斯爱的并非自己的影子,而是在水中看到了自己早逝的孪生妹妹,舍不得离开她才导致枯坐而死。此外还有受到诅咒、被沼泽女神诱惑等等……而在西方文化里,人们普遍认为那喀索斯是个自恋狂美少年,那喀索斯也成了"孤芳自赏者""自我陶醉者"的代名词;同时,水仙的花语是"自恋",而它的学名也借用了那喀索斯的名字。

17. Nike 尼姬 希腊神话中的胜利女神,她在罗马神话中对应的是维多利亚。她是提坦神帕拉斯和斯梯克斯的女儿,但在提坦战争中站在奥林匹斯神一边,为他们带来胜利。在传统的描述中,尼姬常带有翅膀,拥有惊人的速度,除此之外并不具有其他特殊力量。她并不仅仅象征战争的胜利,也代表着希腊人日常生活中的许多领域、尤其是竞技体育领域中的成功,因此被认为是带来好运的神祇,经常出现在艺术作品中。她被耐克体育用品公司奉为企业之神;耐克商标的小钩子图案据说象征着女神的羽翅,代表着速度,同时也代表着动感和轻柔。

18. Oedipus 俄狄浦斯 希腊神话中的悲剧英雄。他是希腊神话中底比斯国王拉伊俄斯和王后伊俄卡斯忒的儿子,但神谕说他将会弑父娶母,于是,他父亲将亲生子双脚刺穿,扔在了荒野之中。俄狄浦斯大难不死,为牧羊人所救,又被邻国科林斯国没有子嗣的国王波吕波斯收为养子,并被定为王位继承人。成年之后,他从阿波罗神庙得到一则神谕:说他会杀父娶母,生下不义子孙。为避免神谕成真,他便离开科林斯并发誓永不返回。后来他去了底比斯,在路上遇见了一位蛮横强暴的贵族老者,在发生了冲突之后将其杀死。他当时并不知道杀死的就是亲生父亲。继而,他猜破斯芬克斯的谜语,为民除害,被底比斯人民拥立为王,并按照习俗娶了先王拉伊俄斯的遗孀伊俄卡斯忒,于是便应验了他将"弑父娶母"的神谕。由于俄狄浦斯在不知不觉间犯下了大罪,各种厄运降临国家,俄狄浦斯去求助于先知,这才明白缘由,之后母亲自尽,俄狄浦斯刺瞎双眼,并请求被逐出底比斯城。后来据雅典的传统说法,俄狄浦斯晚年居留和死亡之地是雅典郊区的科罗诺斯。

19. Oedipus Complex 俄狄浦斯情结　即恋母情结,源自古希腊俄狄浦斯无意中弑父娶母的故事。原指儿子亲母仇父的复合情结,后有时也被用于指幼儿对异性父母的依恋、亲近,而对同性父母的嫉妒和仇恨等复合情绪。奥地利著名心理学家弗洛伊德以此来描述性器期(3—5岁)出现的儿子恋母嫉父的情绪。他认为男孩对母亲会发生爱恋,为取得母亲的爱情而与父亲竞争,即潜意识中想取代父亲独占母亲的爱,但因父亲比自己更强大有力,故心理上常以父亲自居,极力模仿父亲的行为和态度,以此来博得母亲的爱。"俄狄浦斯情结"像其他精神分析理论元素一样,暗示着一般人有极为原始的感觉存在,它是一种儿童早期的心理固结,普遍存在于我们的生活中。大多数人的"恋母情结"只是一种隐性的对父母亲的依赖,在学习和成长的过程中,他们对父母在心理上的依恋会逐渐减弱,最终完全走出父母的怀抱,走上独立的道路。与俄狄浦斯情结相反的是女儿亲父仇母的厄勒克特拉情结(Electra Complex),即恋父情结,取材于古希腊神话中阿伽门农的女儿厄勒克特拉替父报仇的故事。

20. Pandora 潘多拉　是主神宙斯因普罗米修斯从天上盗火给人类而图谋报复,命火神用粘土制成的世上第一个女人。为了抵消火给人类带来的巨大好处,宙斯决定让灾难也降临人间。他让火神依女神的形象做出一个可爱的女性,众神灵每人赐予潘多拉一件礼物,美丽、芳香、聪明、好奇心……但唯独雅典娜拒绝给予她智慧,所以潘多拉的行为都是不经思考的。"潘多拉"在古希腊语中意为"拥有一切天赋的女人"。宙斯在这美丽的形象背后注入了恶毒的祸水,他给潘多拉一个密封的盒子,让她送给娶她的男人。普罗米修斯告诫弟弟埃庇米修斯不要接受宙斯的任何礼物,可他不听劝告,娶了美丽的潘多拉。潘多拉打开了那只盒子,里面的灾难、瘟疫和祸害都飞了出来,人类从此饱受磨难。据此英语中常借用"潘多拉的盒子"喻指"灾祸之源";而智慧女神雅典娜为了挽救人类命运而悄悄放在盒子底层的唯一美好的东西——希望还没来得及飞出盒子,因此,即使人类不断地受苦、被生活折磨,但是心中总是留有美好的希望。

21. Pegasus 佩加索斯　是一匹长着双翼的白色骏马,为海神波塞冬与双翼蛇发女妖美杜莎结合所生,美杜莎死后从她躯体中飞出。因为充满了灵性而成为九位缪斯女神的忠诚伙伴,有时也受命驮载宙斯的重要武器雷霆。相传这匹飞马在缪斯女神居住的赫利孔山上踏过时踩出一眼泉水,即著名的"马泉",诗人饮之可获灵感。后来,人们认为佩加索斯是艺术家的灵感之源。它的形象更是被人们置于夜空之中,成为了飞马座。

22. Peloponnesian War 伯罗奔尼撒战争　以雅典为首的提洛同盟与以斯巴达为首的伯罗奔尼撒联盟之间的一场战争。几乎所有的希腊城邦都参加了这场战争,战场几乎涉及当时整个希腊语世界。这场战争从公元前431年一直持续到前404年,期间双方曾几度停战,最终斯巴达获得胜利。这场战争是希腊历史上的一个转折点,结束了雅典的古典时代,也结束了希腊的民主时代,彻底改变了希腊的局势。

23. **Plato 柏拉图**(约公元前427—前347) 古希腊伟大的哲学家,与老师苏格拉底、学生亚里士多德并称为"古希腊三贤",共同奠定了西方文化的哲学基础。他在雅典城附近创办了著名的学园,在其中执教40年,对学生进行哲学、数学和天文学教育。他提出理念论和灵魂不朽说,写下近40篇对话,涉及存在的本质、认识论、正确行动的目的、有秩序的社会结构、真理、艺术的本质和意义、美与爱的意义等诸多问题,代表作有《理想国》《智者篇》《法律篇》《政治家篇》等,其哲学思想对西方唯心主义哲学的发展影响很大。

24. **Poseidon 波塞冬** 古希腊神话中的海神,其权力和地位仅次于天父宙斯,是一切宇宙海域的最高神。他是克洛诺斯与瑞亚之子,宙斯之兄。他的坐骑是由白马驾驶的黄金战车,武器则是象征大海统治权的三叉戟。当他的战车在大海上奔驰时,波浪会变得平静,并且周围有海豚跟随。他挥动三叉戟就能掀起滔天巨浪,从而引发风暴、海啸和大地震、使大陆沉没、天地崩裂。波塞冬的三叉戟并非只是武器,它也被用来击碎岩石,让裂缝中流出清泉,浇灌大地,使农民五谷丰登,所以波塞冬又被称为丰收神。当他愤怒时海底就会出现怪物,但象征他的圣兽海豚则显示出海的宁静和波塞冬亲切的神性,所以波塞冬温柔时可以带来风调雨顺的气候,爱琴海附近的希腊水手和渔民对他极为崇拜。在罗马神话中相对应的是涅普顿(Neptune),海王星即是以其罗马名称命名的。

25. **Shakespeare,William 威廉·莎士比亚**(1564—1616) 欧洲文艺复兴时期英国最重要的作家、杰出的戏剧家和诗人。他流传下来的作品有37部戏剧,154首十四行诗,2首长篇叙事诗等。他的代表作有四大悲剧《哈姆雷特》《李尔王》《奥赛罗》和《麦克白》,四大喜剧《威尼斯商人》《仲夏夜之梦》《皆大欢喜》和《第十二夜》。他的戏剧努力反映生活的本来面目,深入探索人物内心奥秘,塑造出众多性格复杂多样、形象真实生动的人物典型,描绘了广阔的、五光十色的社会生活图景,并以博大、深刻、富于诗意和哲理著称。莎士比亚同时还是英语语言的大师,其作品广泛采用民间语言,注意吸收外来词汇,大量运用比喻和双关语,作品中的诸多表达成为现代英语中的固定表达,为早期现代英语的发展做出了突出贡献。

26. **Socrates 苏格拉底**(约公元前470—前399) 古希腊著名的思想家、哲学家、教育家,西方哲学的奠基者。他和他的学生柏拉图,以及柏拉图的学生亚里士多德被并称为"古希腊三贤",在西方哲学史乃至整个人类思想史上都占有极其重要的地位。苏格拉底出生于雅典一个普通公民的家庭,依靠自学成了有学问的人,以传授知识为生。他喜欢在市场、运动场、街头等公众场合与人谈论各种各样的问题,以诘问的方式引导人们去思考,认为哲学在于认识自我,美德即知识,提出探求真理的助产术和辩证法。本人无著作,其学说仅见于他的学生柏拉图和色诺芬的著作。在雅典恢复奴隶主民主制后,他被雅典法庭以渎神和腐蚀青年心灵的罪名判处死刑。在欧洲文化史上,他一直被看做是为追求真理而死的圣人,几乎与孔子在中国历史上所占的地位相同。哲学史家往往把他作为古希腊哲学发展史的分水岭,将他之前的哲学称为前苏格拉底哲学。

27. Sophist 智者派　　又称诡辩派,该词源于希腊词语"sophos",本意为"聪明而有智慧和才能的"。智者派是对活动在约公元前5世纪中叶至公元前4世纪的一批古希腊哲学家的统称。随着雅典奴隶主民主制度的繁荣,公民参加政治活动的机会增多,需要学习社会政治知识,提高演说辩论的才能。于是在雅典等城邦里出现了一批以教授社会政治知识演说术、修辞学和辩论术为职业的人,这就是所谓智者。智者派的教育活动对当时的民主政治生活起了很大的促进作用,他们周游各邦,对传播文化、加强交流,以及培养年轻人的思维能力方面都有重要的意义。智者派在产生之初及前期的教育活动是受人称赞的,但后期一部分智者蜕变为不授知识、以骗钱财为目的的江湖骗子,热衷于玩弄概念游戏、混淆是非、歪曲事实,名声日下,因此被人们称为"诡辩派"。

28. Sparta 斯巴达　　古希腊城邦之一,位于希腊伯罗奔尼撒半岛南部,实力强大,以其严酷纪律、独裁统治和军事主义而闻名。斯巴达的政体形式是寡头政治。在伯罗奔尼撒战争中,斯巴达及其同盟者战胜雅典军队并称霸整个希腊,但不久便被新兴的底比斯打败,在北方的马其顿城崛起后彻底失去了在希腊的影响力。

29. Sphinx 斯芬克斯　　希腊神话中带翼的狮身女怪。她在古希腊底比斯城外,用缪斯传授给她的谜语让过往行人猜,猜不出者即遭杀害,害死了不少人。俄狄浦斯决心为民除害,自愿前往解答谜语:"今有一物,早晨四足,当午两足,晚间三足,这是何物?"俄狄浦斯答道:"这是人,因为人在婴儿时期爬行,长大时两脚步行,年迈时拄杖行走。"斯芬克斯见谜底已被俄狄浦斯道破,便从悬崖顶上跳下而死。

30. Trojan horse 特洛伊木马　　在古希腊传说中,特洛伊王子帕里斯访问希腊,诱走了美丽的王后海伦,希腊人因此远征特洛伊。围城9年无法攻克,到第10年,希腊将领奥德修斯献上一计,把一批精兵埋伏在一匹空心大木马内,置于城外,佯装退兵。特洛伊守军不知是计,便将木马拖入城内作为战利品。夜深人静之际,伏兵跳出,打开城门,希腊兵一拥而入攻破城池。后人常用"特洛伊木马"这一典故来比喻在敌方营垒里埋下伏兵里应外合的活动。

31. Trojan War 特洛伊战争　　因世上最漂亮的女人海伦而起。女神厄里斯抛出一只写有"献给最美丽的人"字样的金苹果,赫拉、阿芙罗狄蒂和雅典娜都希望得到它。最终特洛伊王子帕里斯把金苹果判给了阿芙罗狄蒂,因为她答应帮他得到世上最美丽女子的爱。帕里斯在阿芙罗狄蒂的指引下来到斯巴达,斯巴达国王墨涅劳斯热情款待了帕里斯,但他却说服王后海伦与他一起私奔到特洛伊城,由此引发了特洛伊战争。以阿伽门农及阿喀琉斯为首的希腊军进攻特洛伊城,历时十年才取得胜利,海伦最后也回到了墨涅劳斯身边。

第一单元　古希腊文明

32. Xenophon 色诺芬 （约公元前 430—前 355）古希腊军事家、历史学家,苏格拉底最有名的学生之一。出生于雅典附近的阿提卡城上层社会家庭,他一生的重大经历是公元前 401 年参加希腊雇佣军助小居鲁士(Kurush)争夺波斯王位,未遂,次年率军而返。公元前 396 年投身斯巴达,被母邦判处终身放逐。著有《远征记》《希腊史》《回忆苏格拉底》等。色诺芬博识善文,他的著作涉及政治、哲学、军事、经济等诸多领域,是后人综合研究古希腊社会的必读文献。他的著作 16 世纪就被译成多种欧洲文字,直到近代他仍然享有崇高的声望。《远征记》以他在希腊雇佣兵团中服役的经历为素材,既是出色的文学史学作品,也是出色的军事学作品。《希腊史》记载了公元前 411 年至前 362 年间的希腊历史,倾向于祖护斯巴达,反对雅典的民主制度。出于对老师苏格拉底的崇拜和对诡辩哲学家的憎恶,他著有三部著作《苏格拉底的答辩》《会饮篇》和《回忆苏格拉底》为苏格拉底申辩。色诺芬对苏格拉底的看法与同代人柏拉图的看法迥然不同。

33. Zeus 宙斯 古希腊神话中第三代众神之王,奥林匹斯十二神之首,统治宇宙的主神。提坦之战结束后,奥林匹斯神族取代提坦神族统治了整个世界。天神宙斯成为众神之王,他的妻子赫拉被尊为天后。在大地女神盖亚的忠告下,天神宙斯为众神们重新公正地分配了荣誉。于是新的王权建立,众神各司其职,在大地各处施行正义。宙斯司掌光明、闪电、法律、秩序、宇宙和命运,又被称为神王、光明之神、闪电之神、法律之神、秩序之神、正义之神和天父。他先后娶了七位妻子:智慧女神墨提斯、提坦女神忒弥斯、海洋女仙欧律诺墨、丰收女神德墨忒尔、记忆女神谟涅摩绪涅、暗夜女神勒托和赫拉。宙斯子女众多,包括雅典娜、阿波罗和赫拉克勒斯等。宙斯的主要圣地在伯罗奔尼撒半岛西北部埃利斯的奥林匹亚,那里建有宙斯神庙,每 4 年举行一次盛大的祭祀性竞技会。现代的奥林匹克运动会即起源于为纪念他而举行的体育竞技。

第二单元

罗马帝国与拉丁文化

课前导读

在学习本单元内容前，请思考以下问题：

- 你知道有关罗马帝国历史、政治、经济、文化等方面的情况吗？

- "条条大路通罗马"是什么意思？你知道这一说法的来历么？

- 你看过关于克利奥帕特拉的影片吗？你知道她与尤利乌斯·恺撒和马克·安东尼的爱情故事吗？

文化概览

罗马帝国历史

罗马的建立可以追溯到早期文明时期。现在罗马被称作"永恒之城"。罗马人认为他们的城市建于公元前753年,但现代历史学家认为应该是公元前625年。

早期的罗马由国王掌权,但只经历过七个国王的统治之后罗马人便取代了国王,实现了自治。他们设立了一个被称之为"元老院"的委员会取代国王的统治地位。从此开始成为罗马共和国。"共和国"一词来源于拉丁词"res publica",意思是"公共事务"或"国家事务"。以前国王统治下的元老院只能规劝和建议国王,后来的元老院可任命执政官。执政官像国王一样行使权力,但其任期仅为一年。这种做法很明智,可使执政官审慎而不是专制地统治,因为他知道专制的后果是自己期满离任后会受到下一任执政官的惩罚。

罗马人分为四个阶层。最底层的是奴隶,他们完全隶属于他人,没有任何权利。次底层的是平民阶层,他们虽是自由民,但几乎没有发言权。次高层的是被称为 equestrians 的骑士阶层(有时也被称为"knights"),意思是"骑马的人",因为他们应征作战时会发给他们一匹马。有钱是成为骑士阶层的必要条件。最高层的是罗马的贵族阶层,被称为 patricians,罗马的实权就掌握在他们手里。

罗马共和国是一种非常成功的治理形式,它从公元前510年一直持续到公元前27年,历时近500年。罗马共和国当时面临的最大挑战来自迦太基人。迦太基是北非势力强大、威甲一方的城市,与罗马一样,它也控制着自己的帝国。两国之间战事频繁、连绵不断,既有陆战也有海战。最著名的一次战役是迦太基著名军事统帅汉尼拔率领所有军队和战象,穿越意大利北部的阿尔卑斯山脉入侵罗马。然而,罗马获得了最终的胜利,迦太基则在公元前146年被完全摧毁。

古罗马时期最著名的公民无疑是尤里乌斯·恺撒。作为罗马的政治家和军事统帅,他曾征服他的法国行省北部地区广阔的高卢地区。公元前49年,恺撒跨过了他的行省和意大利之间的小河卢比孔河,并征服了罗马,随后对其实行独裁统治。他因战事前往埃及,并在那里遇到了著名的埃及艳后克利奥帕特拉。最终他死于一场发生在元老院的臭名昭著的谋杀。恺撒享有很高的声誉,受到尊敬,他的名字被用来命名七月

(July，来自 Julius Caesar)。此外，英国伟大的诗人和剧作家莎士比亚也曾根据这起著名的谋杀事件创作了名剧《尤里乌斯·恺撒》。

罗马著名帝王一览表	
奥古斯都	罗马的第一任皇帝，极大拓宽了罗马帝国的疆域。
克劳狄乌斯	征服了不列颠。
图拉真	伟大的征服者，在他的统治下罗马帝国的疆域最大化。
戴克里先	他将罗马帝国分为两部分——东罗马帝国和西罗马帝国。
君士坦丁一世	第一位信奉基督教的罗马皇帝。他再次统一了整个帝国，并迁都至小镇拜占庭，将其改名为君士坦丁堡。
罗慕路·奥古斯都	他是罗马最后一位皇帝，别名 Augustulus，意为小奥古斯都。

最终，罗马帝国被来自欧洲北部和东部的数百万蛮族所侵占。欧洲历史上被认为曾发生过两三次大规模的迁徙，人们迁移到新的地区定居。事实证明，罗马人无法承受这么多的大规模移民，他们建立军队的目的是迎战正规军，而不是为了抵御像潮水般涌入的流民草寇。公元 476 年，罗马最终被西哥特人奥多亚克(Odoacer)征服，罗马帝国最终土崩瓦解。

但是，通常所说的"罗马的衰亡"并不包括东罗马帝国。以君士坦丁堡为中心的东罗马帝国在西罗马帝国灭亡后又坚持了近千年，最终于 1453 年被穆罕默德二世领导下的土耳其人所灭。

(Based on http://www.unrv.com/empire/roman-history.php
http://www.roman-empire.net/children/history.html)

条条大路通罗马

常言道，"条条大路通罗马"，这确是事实。古罗马的道路系统是当时最伟大的建筑成就之一，所铺砌的五万多英里的路面以罗马古城金色路标为中心向四周辐射。虽然古罗马道路系统的建造初衷是为了便于在全国范围内调动军队，但是这些道路不可避免地会被市民用于其他目的。

当然，这些道路和连接罗马帝国各地以及已知世界其他地区的环城水路一样，也是用于贸易往来。罗马人拥有着当时最先进的航海技术，尽管陆路交通有其危险之处，但罗马的公路所提供的便利是其他交通方式所无法比拟的,因此它往往成为旅行或货运的唯一选择。罗马是第一个铺石造路的古国,这种技术使得交通不致因恶劣天气的影响而瘫痪。实际上,土路和沙砾路即便没有完全阻碍牲口车或人力车的行驶,也会对这些车辆的行驶造成困难,更不必说对徒步旅行者的妨碍了。然而,古罗马的建筑师所做的并不仅限于用石子铺设路面。古罗马道路都有路拱,也就是说,为方便排水,公路中间要比两边高,而且公路两边往往还有排水沟。或许古罗马人最伟大的建造业绩当属其良好的道路系统,很多道路作为汽车主干道现今仍在使用。实际上,直到19世纪,古罗马人的铺路技术才被碎石料铺路法超越。古罗马人在道路上的技术优势大大方便了陆路旅行和货运,帮助罗马人实现了国内及全球贸易往来。地理位置及供求关系促使各种物资源源不断地运入罗马帝国。例如,现在的英国在当时对罗马人而言是举足轻重的属地,因为那里有银矿,而白银又可用于制作珠宝和钱币。此外,英国还为罗马帝国的其他地区供应大量的羊毛。罗马人从罗马帝国的东南角区域进口大量的染料,从近东(地中海东部沿岸地区)进口化妆品。当需要从近东或非洲进口埃及的棉花或者用于角斗的奇珍异兽时,水路往往是首选。当然,罗马通过丝绸之路与远东地区相连。这条路是从亚洲进口丝绸及其他物品的交通要道。不管任何国家的任何物品,只要罗马人想要,它们都有可能被运送到罗马。

虽然古罗马人精心设计了四通八达的交通网络,但是徒步旅行仍常遇到困难和危险。相对现代的标准而言,当时行走的速度可谓十分缓慢,一天能徒步走上35英里就已经算不错的了。较为富裕的罗马人在出行方面有着更多的选择。他们可以选择由六个或八个轿夫抬着,或乘坐骡车代步。一群人旅行,比如一家人可以乘坐马车。像国王的信使这类着急赶路的人还可以乘坐一种貌似双轮战车的轻便马车。然而,无论任何人采用何种交通方式,都不是绝对安全的,尤其在夜里。所以路边旅馆的选址都很有策略,相邻两个旅馆的距离一般不会超过一天的行程。这些旅馆本身就不安全,打斗、谋杀时有发生。在可能的情况下,旅客都尽量待在朋友家甚至朋友的朋友家里过夜。

古罗马人在许多方面都取得了骄人的业绩。他们有着令人难以置信的技术优势并极大地推进了社会的发展,这就使得同时期或其后几百年的其他文明相形见绌。虽然两千年前古罗马帝国就已衰亡,但正因为往日的那些文明进步,我们理所当然地认为罗马人至今不仅在语言上,而且在其他的很多方面仍为世界上最具影响力的民族之一。

(Based on http://ancienthistory.about.com/od/romanroads/g/RomanRoads.htm)

第二单元 罗马帝国与拉丁文化

埃及女王克利奥帕特拉和她的情史

现代人感到最为神秘的历史人物当属古埃及的最后一位统治者克利奥帕特拉。描述她的生平和情史的艺术、文学和其它作品不计其数,包括莎翁的戏剧《安东尼和克利奥帕特拉》和电影《埃及艳后》。她常被描述为一位伟大的女王,凭借超凡的美貌、智慧和人格魅力,使两位著名的古罗马统治者尤里乌斯·恺撒和马克·安东尼先后拜倒在她的石榴裙下。

克利奥帕特拉公元前69年出生于亚历山大,是统治埃及的希腊后裔托勒密十二世的女儿。公元前51年,托勒密十二世去世,根据他的遗嘱,埃及由十八岁的克利奥帕特拉和她十岁的弟弟托勒密十三世共同执政。克利奥帕特拉虽然嫁给了托勒密十三世,但她希望独揽大权。公元前48年,他们彻底决裂,克利奥帕特拉被托勒密十三世逐出埃及。

克利奥帕特拉决心夺回王位,所以她试图寻求恺撒的支持。一天晚上,当恺撒正在托勒密十三世的宫殿作客时,她让人用毯子把自己裹起来秘密地送到了戒备森严的宫殿里。当她从毯子里面出来时,历史上最伟大的一段爱情故事也随之展开。21岁的克利奥帕特拉戏剧般地出现使52岁的恺撒又惊又喜,顷刻间即为其魅力和智慧所俘获。他们坠入爱河。九个月后,他们的儿子恺撒利恩出世,名字意为"小恺撒"。

公元前48年到公元前47年,恺撒待在埃及;他打败了托勒密十三世的军队,帮助克利奥帕特拉夺回了王位,让她与其弟托勒密十四世共同执政。公元前46年的夏天,克利奥帕特拉和恺撒利恩前往罗马,住在恺撒专门为他们所建造的宫殿里。罗马人注意到了克利奥帕特拉和恺撒之间的关系,于是整个罗马城开始谣传恺撒要在埃及封王并移都亚历山大。公元前44年3月14日,恺撒遇刺前夜,克利奥帕特拉曾梦到恺撒要被谋杀。第二天早上,她试图阻止恺撒离开宫殿未果。当得知恺撒遇刺的消息,她立即带着恺撒利恩逃回埃及。托勒密十四世死后——很可能是为其姐所毒死——克利奥帕特拉指定恺撒利恩为她的共同执政者和继承人。

恺撒死后,在罗马争夺权力的有两个人:马克·安东尼和屋大维。马克·安东尼被克利奥帕特拉深深吸引,而这位埃及女王也帮助他在战斗中对抗屋大维。公元前41年到公元前40年的冬天,他们在亚历山大一起度过;公元前40年12月25日,克利奥帕特拉为安东尼生了一对双胞胎。四年以后,安东尼重回亚历山大和克利奥帕特拉重续前缘。尽管安东尼已经娶了屋大维的姐姐小奥克塔维娅为妻,他又与克利奥帕特拉结婚,并在亚历山大安家。他们一共有三个孩子。

听到安东尼娶克利奥帕特拉为妻并放弃部分罗马帝国的消息时,屋大维大发雷霆。他说服罗马元老院对埃及宣战。公元前31年,克利奥帕特拉和安东尼的军队与罗马军队在亚克兴(Actium)海战中交战,失利后逃回亚历山大。公元前30年8月,屋大维入侵亚历山大,安东尼的部队倒戈,加入了屋大维麾下。绝望中,安东尼拔剑自刎。其后不久,克利奥帕特拉也自绝于毒蛇。如她生前所愿,她与安东尼得以合葬。她与恺撒所生的儿子被俘后被杀,她与安东尼所生的三个孩子则被带回罗马,由安东尼的妻子小奥克塔维娅抚养。随着克利奥帕特拉的死亡,希腊在埃及的统治宣告结束,埃及沦为罗马的行省。

在她死后两千多年,克利奥帕特拉依然被视为最美丽、最有权势和最富智慧的埃及女王,至今仍轶事流传不断,令人浮想联翩。

文化背景知识

1. **Ancient Rome 古罗马** 古罗马的历史一般可以分为三个时期：王政时代（公元前 8 世纪—前 6 世纪）、共和国时代（约公元前 509 年—前 27 年）、帝国时代（公元前 27 年—公元 476 年）。传说公元前 754 年—前 753 年，古代罗马人罗慕路在台伯河畔建罗马城，开创了王政时代。先后有七个国王统治罗马；罗马共和国于公元前 510 年成立，从此便开始了其不断扩张的历史，从台伯河上的一个城邦国家逐渐发展为一个庞大的帝国。公元前 27 年到公元 476 年罗马处于帝国时期。在图拉真（公元 98 年—117 年）统治时帝国达到鼎盛，其疆界从西班牙、不列颠，延伸到美索不达米亚（两河流域）和里海，经济空前繁荣。到公元 395 年，罗马帝国分裂为东西两部分。公元 476 年，日耳曼人入侵，其雇佣兵首领奥多亚克废黜最后一位君主罗慕路·奥古斯都，西罗马帝国宣告灭亡。东罗马帝国一直延续到 1453 年，为奥斯曼帝国所灭。由于罗马帝国的重大影响，所以公元 476 年西罗马帝国的衰亡被认为是古代欧洲的终结，中古时代的开始。

2. **Augustus 奥古斯都**（公元前 63—公元 14） 原名盖乌斯·屋大维·图里努斯，古罗马帝国的开国君主（公元前 27—公元 14），元首政制的创始人，恺撒的义子和继承人。恺撒被刺后登上政治舞台，与安东尼、雷必达结成"后三头"政治联盟，打败了刺杀恺撒大帝的共和派贵族。公元前 32 年与安东尼决裂，前 31 年在亚克兴海角打败安东尼和埃及女王克利奥帕特拉的军队。公元前 27 年成为皇帝，结束了一个世纪的内战，统治罗马长达 43 年之久。在位时扩充版图，改革政治，发展罗马公共事业，奖励文化艺术，使罗马帝国进入了相当长一段和平繁荣的辉煌时期。元老院奉以"奥古斯都"的称号，在拉丁语中为"神圣"、"庄严"、"至尊至圣"之意。英语中八月（August）被称之为"奥古斯都"月，便是由这一拉丁语尊号而来。公元 14 年 8 月，在他去世后，罗马元老院决定将他列入"神"的行列。

3. **Augustus, Romulus 罗慕路·奥古斯都**（约 461 年—？） 西罗马帝国最后一位皇帝，约 475 年年仅 12 岁的罗慕路·奥古斯都被其父贵族欧瑞斯特立为皇帝，476 年被西哥特人的长官奥多亚克（435—493）逼迫逊位。一些史学家认为奥古斯都的被废黜是西罗马帝国灭亡的标志，抑或是罗马帝国灭亡的标志，因为他们认为东罗马帝国或称"拜占庭帝国"，和原先的罗马帝国已经大不相同。由于罗马帝国的在欧洲历史上的重要作用，所以公元 476 年西罗马帝国灭亡之时，一般被认为是古代欧洲的终结和中古时代的开始。值得一提的是罗慕路·奥古斯都的名字与罗马传说中建城者罗慕路一致。

4. **Antony and Cleopatra《安东尼与克利奥帕特拉》** 莎士比亚著名的爱情悲

剧之一。它以一系列历史事件为线索,生动地刻画了罗马三执政之一马克·安东尼和埃及女王克利奥帕特拉之间的悲剧。此剧完成于1607年初,以安东尼和克利奥帕特拉的关系发展为主线,安东尼和屋大维对罗马政权的争夺、庞培的野心、埃及问题等一系列政治事件为暗线推动故事发展,其中克利奥帕特拉是莎剧中最复杂的女性角色之一。此剧多次被改编成电影,其中最有名的一部是1963年发行的好莱坞影片《埃及艳后》,此片由约瑟夫·曼凯维奇导演,伊丽莎白·泰勒主演,影片描述野心勃勃的埃及女王克利奥帕特拉为了政治目的跟罗马帝国的恺撒联姻,后来又跟罗马大将安东尼产生了暴风雨般的爱情,最终战败后与安东尼一同自杀身亡的悲剧。

5. **Antony, Mark 马克·安东尼**(约公元前83—公元前30) 古罗马统帅和政治领袖。恺撒被刺后,与屋大维和雷必达结成"后三头"政治联盟。公元前42年在腓力比战役中最后击败共和派领袖布鲁图斯和卡西乌斯的军队。公元前40年,划分势力范围:屋大维管辖意大利及高卢和西班牙,雷必达治理北非,安东尼统治东部地区,扑灭犹地亚暴乱,试图征服安息。在这次使命中安东尼于公元前41年在塔尔苏斯遇到克利奥帕特拉七世并成为她的情人。公元前40年他回到罗马,与屋大维的姐姐小奥克塔维亚(亦译为屋大维娅,屋大薇)联姻。公元前32年罗马元老院向克利奥帕特拉宣战,安东尼和克利奥帕特拉的海军于公元前31年在亚克兴角战役中被屋大维击败,两人被迫逃往埃及。屋大维紧追不舍,于公元前30年8月入侵埃及。安东尼无处可逃,伏剑自刎。数日后克利奥帕特拉也自杀。

6. **Caesar, Gaius Julius 盖乌斯·尤里乌斯·恺撒**(公元前100年—前44年) 即恺撒大帝,罗马统帅、政治家,罗马帝国的奠基者。出身于贵族,历任财务官、祭司长、大法官、执政官、监察官、独裁官等职,被视为罗马帝国的无冕之皇。公元前60年,恺撒与庞培、克拉苏秘密结成前三巨头同盟,随后出任高卢总督,在八年的时间里征服了高卢全境(今法国、比利时等地),击败了阿瑞奥维斯塔指挥的日耳曼人,并于公元前55年和54年两次入侵不列颠。公元前49年,他率军渡过卢比孔河,占领罗马,打败政敌庞培,集大权于一身,成为罗马独裁者(公元前49—前44),公元前44年被授予终身独裁统治的权力。同年3月15日遭以布鲁图斯为首的元老院共和派贵族刺杀身亡,享年58岁。死后按照法令列入众神行列,被尊为"神圣的尤利乌斯"。恺撒推动各项改革,包括给予北意大利和西西里岛人民罗马公民权、订定儒略历、建立和平广场等,著有《高卢战记》等。恺撒死后,其甥孙及义子屋大维击败安东尼开创罗马帝国并成为第一位帝国皇帝。

7. **Claudius I 克劳狄一世**(公元前10—公元54) 古罗马皇帝(41—54),历史学家,在位十三年,对外扩张疆界,侵占不列颠、色雷斯及北非的毛里塔尼亚;对内实行开明政策,著有《伊特鲁里亚史》《迦太基史》等。克劳狄统治的一个特点是他的私人秘书们掌握了很大的政治权利,行使大臣的权力。克劳狄被他的第三个妻子梅萨丽纳所左右,但他最终将梅萨丽纳斩首。一般认为他是被年轻的妻子阿格丽派娜毒死。克劳狄是罗马历史上最具争议的君主之一。有人认为他是个傀儡,也有人认为他是个贤君。生为罗马贵族,早产的克劳狄貌似痴呆,童年时饱受欺凌。公元 41 年,罗马皇帝盖乌斯被近卫军杀于宫中,吓懵了的克劳狄被近卫军恶作剧地拥立为皇帝。元老院不敢得罪近卫军,只得接受。谁想克劳狄登基后,在学术与政治上都表现得英明果断,不但与元老院关系融洽,还完善了罗马帝国的政治机构,建立了一整套完整有序的政府机制,并在军事上极有建树。

8. Cleopatra 克利奥帕特拉七世(约公元前 69 年—公元前 30 年) 古埃及托勒密王朝最后一任统治者(公元前 51—公元前 30),历史上有名的"埃及艳后"。貌美,有权势欲,一生富有戏剧性。先为恺撒情妇,恺撒助其登上王位;后与安东尼结婚,安东尼溃败后又欲勾引屋大维,未遂,以毒蛇自杀(也有研究证明她更有可能死于屋大维的谋杀)。克利奥帕特拉与恺撒生有一子,与安东尼生有三子。她死后,埃及沦为罗马帝国的行省,她与恺撒所生的儿子被俘后被杀,与安东尼所生的三个孩子则被带回罗马,由安东尼的妻子小奥克塔维娅抚养。克利奥帕特拉是马其顿王朝的后裔。马其顿地区古为希腊文明北端的边疆地区,公元前 4 世纪该地区崛起的马其顿帝国曾征服小亚细亚、波斯、埃及等地,把希腊文明传播到中东各地。马其顿王朝从公元前 323 年开始统治埃及,直到公元前 31 年被罗马所灭亡。

9. Constantine the Great 君士坦丁大帝(公元 272?—337) 又称君士坦丁一世,世界历史上第一位信仰基督教的罗马皇帝(在位期公元 306—337),君士坦丁堡的建立者。他于公元 312 年击败了另一位罗马皇帝马克森提乌斯,统一了西部帝国,与同时期李锡尼控制的东部帝国政权形成了两帝并立的局面。323 年,君士坦丁打败李锡尼,重新统一了罗马帝国。统一全国后,他加强中央集权,支持基督教,进行了一系列重大改革,为欧洲从奴隶社会向封建社会的过渡起到了重要作用;他制订的许多鼓励、发展政策,使基督教从一个受迫害的宗教转变为在欧洲占统治地位的宗教,被称为西方的"千古一帝"。330 年迁都拜占庭,改城名为君士坦丁堡(现在的伊斯坦布尔)。其主要功绩为:①废除"四帝共治";②划分全国为四大统领辖区,行省、军政改革;③迁都君士坦丁堡;④因势利导、顺应民意,承认基督教合法地位。此外,君士坦丁大帝有重建后期罗马帝国辉煌之功。君士坦丁堡成为中世纪最难攻克的堡垒和当时世界上最大的城市之一。君士坦丁堡的稳固正是东罗马帝国(拜占庭帝国)历经千年而不倒的关键因素。因此,君士坦丁大帝被视为奠基人。君士坦丁大帝所建立的行会制度,也是欧洲中世纪行会制度之先声。

10. Diocletian 戴克里先(公元 245—316)罗马帝国皇帝(公元 284—305),由禁卫军部属拥戴称帝,改"元首"称号为"皇帝",正式确立了君主制,开创了"四帝分治"的局面,使其成为罗马帝国后期的主要政体。305 年 55 岁时因健康原因选择退位,退隐田园,把皇位让给了伽勒里乌斯,成为唯一一位自愿放弃帝位与权力的罗马皇帝。在位期间他改革内政,加强军队,整顿税制与币制,结束了史称罗马帝国"第三世纪危机"(公元235—284)的经济衰落和政府瘫痪的严重局面,使罗马帝国的生命延长了一个世纪。但其创立的四帝共治制却为日后内战埋下伏线,其将帝国一分为二的政策,最终使帝国永久分裂。戴克里先在统治后期残酷迫害基督教徒,开始了罗马帝国最后且最大的一次对基督徒的逼害,基督徒要么放弃信仰,要么被处死。这次迫害行动持续至313年君士坦丁一世颁布《米兰敕令》为止。

11. **Edict of Milan《米兰敕令》** 是罗马帝国皇帝君士坦丁一世和李锡尼在公元313年于意大利的米兰颁发的一个宽容基督教的敕令,宣布罗马帝国境内宗教信仰自由的政策,停止迫害基督教,承认了基督教的合法地位。《米兰敕令》是基督教历史上的转折点,它虽然并没有使基督教成为正式的国教,但有力地促进了它的发展,君士坦丁的扶植使它逐步成为了罗马帝国政权的精神支柱,基督教由此在欧洲大规模公开传播,为其成为世界第一大宗教奠定了基础。

12. **First Triumvirate(古罗马)前三头(同盟)** 指公元前60年由尤里乌斯·恺撒、李锡尼·克拉苏和格涅乌斯·庞培结成的秘密政治同盟,一起反对元老院。其中势力最强的当属庞培。为了巩固这一同盟,恺撒把年仅14岁的独生女茱莉娅嫁给了50岁的庞培。在克拉苏和庞培的支持下,恺撒于公元前59年当选执政官。后来恺撒的声望和势力逐渐引起了庞培的嫉妒和戒心,两人关系破裂。公元前49年1月10日,恺撒越过高卢与意大利本土之间的卢比肯河,进军罗马,从而引发内战。庞培被元老院任命为指挥官前往应战,战败逃往希腊。恺撒占领了罗马。不久,恺撒在希腊与庞培展开决战,庞培败北后又逃往埃及,埃及国王为了讨好恺撒,便杀了庞培。公元前45年,恺撒结束了长达4年的内战,带着埃及女王克利奥帕特拉及他们的儿子恺撒利恩回到了罗马,成为了罗马唯一的最高统治者。

13. **Five Good Emperors 罗马五贤帝** 指的是公元96年至180年期间统治罗马帝国的五位皇帝,分别为:涅尔瓦(96—98),图拉真(98—117),哈德良(117—138),安敦尼·庇护(138—161)和马可·奥里略(161—180)。历史上的"五贤帝时代",始于涅尔瓦于公元96年开创的安东尼王朝。涅尔瓦等五帝"威严德业,仁德聪睿;统御诸师,刚柔相济;待民宽仁,人皆颂之";民之富庶安乐,国之繁荣昌盛,法律、道路交通、度量衡、货币制度等都得到统一。五贤帝的统治使罗马帝国出现了近一百年和平与安定的局面,堪称罗马帝国之"黄金时代"。到了马可·奥里略统治的后期,帝国的实力开始出现颓势。及至公元180年,马可·奥里略去世,其子康茂德继位,他的残暴统治终结了五贤帝时代的繁荣。康茂德遇刺身亡后,罗马帝国便陷入了一连串混乱的内战之中,自此一蹶不振,进入"第三世纪危机"时代,由极盛走向衰落。

14. **Hannibal 汉尼拔**(公元前247年—公元前183年)北非古国迦太基名将。率大军远征(218)意大利,从而发动第二次布匿战争,曾三次重创罗马军队,终因缺乏后援而撤离意大利(203);后被罗马军队多次击败,服毒自杀。汉尼拔接受过严格和艰苦的军事训练,在军事及外交活动上有卓越表现,现今仍为许多军事学家所研究之重要军事战略家之一。

15. Julian Calendar 儒略历 Julian 是恺撒的名字、拉丁文 Julius 的形容词形式,音译为儒略。由罗马共和国独裁官恺撒采纳古罗马数学家兼天文学家索西琴尼计算的历法后,于公元前 45 年 1 月 1 日起执行取代旧罗马历法的一种历法。儒略历将一年定为 365 天,闰年 366 天,四年一闰,闰年于二月底增加一闰日,一年分为 12 个月,年平均长度是 365.25 日。由于累积误差随着时间越来越大,1582 年罗马天主教皇格利高利十三世在儒略历的基础上,对闰年设置做了一些调整,成为格利高利历,即沿用至今的公历。

16. Latin 拉丁语 古罗马在文化上的一项重要贡献是创造并传播了他们的语言文字——拉丁文。直到中世纪晚期,几乎所有欧洲作家都使用拉丁语,而学者们使用拉丁语的惯例则一直持续到 18 世纪。在数百年乃至上千年的时间里,拉丁语一直是罗马天主教会所使用的唯一语言。如今,拉丁字母表仍通用于全世界。在欧洲,许多种语言都是从拉丁语发展而来的,如意大利语、法语、西班牙语、葡萄牙语等。在英语中,每三个单词中就有一个来源于拉丁语。以拉丁语为载体,流传下来了大量文化典籍著作。以恺撒、西塞罗为代表所作的拉丁文散文,以维吉尔、贺拉斯、奥维德等人为代表所作的罗马诗歌,以李维、塔西佗等人为代表所作的罗马史学,长期以来都是世界各国学者研讨的对象。现在,生物学界,医学界,标准的生物学名、药品名称仍然使用拉丁语。日常生活中人们虽然已经基本不再使用拉丁文了,但它在文化史上曾经做出的贡献是难以估量的。

17. The Legacies of Rome 古罗马文化遗产 古罗马文化是西方古典文化的重要组成部分,与希腊文化有着千丝万缕的历史联系。在建筑、宗教、科学、哲学,文学艺术等方面都可以看到希腊文化的影响和印记,是对希腊文化的继承和发展,但它在这些方面的成就却又比希腊更胜一筹。质朴务实为古罗马文化最重要的特征。古罗马艺术更倾向于实用,在形式上追求宏伟壮观,在人物表现上强调个性。

18. Minor, Octavia 小奥克塔维亚 又译为屋大维娅、屋大薇,屋大薇(公元前 69—前 11),第一任罗马帝国皇帝奥古斯都(原名屋大维)同父异母的姐姐,也是马克·安东尼的第四任妻子。在与安东尼离异之前,小奥克塔维亚曾力促奥古斯都与安东尼和解,未果。安东尼和克利奥帕特拉战败自杀身亡后,小奥克塔维亚抚养了他们的三个遗孤。小奥克塔维亚的忠诚、高尚的情操与善良的人性,以及维持传统罗马女性的美德,使她成为罗马历史中最著名的女性之一,备受当代人们尊敬和推崇。

19. **Mohammed II 穆罕默德二世**(1430? —1481) 奥斯曼土耳其苏丹(1457—1481),博学多识的政治家和军事家,毕生率军征战沙场,战绩显赫,号称"征服者",攻克君士坦丁堡(1453),灭拜占庭帝国,定该地为奥斯曼帝国首都,改名伊斯坦布尔,史书称之为"开创了土耳其奥斯曼帝国的新纪元"。此后,穆罕默德二世发动了一系列战役和远征,开疆拓土,励精图治,建立起庞大的奥斯曼帝国。不幸的是,1481年准备出征罗得岛时,被长子毒死,终年49岁。

20. **Visigoth Odoacer 奥多亚克**(433? —493) 西哥特人的长官(西哥特人是日耳曼族的一支族,于公元4世纪入侵罗马帝国并在法国和西班牙建立王国),意大利第一个日耳曼蛮族国王(476—493),原为日耳曼武士,参加罗马军队,被拥为王(476年),废黜最后一位君主罗慕路·奥古斯都,西罗马帝国遂亡,后被东哥特国王狄奥多里克设宴诱杀。

21. **Pompey 庞培**(公元前106—前48) 古罗马统帅、政治家,贵族出身,曾两次任执政官(公元前70年;前55年),先后在西西里、北非等地作战,协助克拉苏镇压斯巴达克起义(公元前71年),受命清剿地中海海盗(前67年),公元前66—前65年征服本都王国(今保加利亚、格鲁吉亚、希腊、俄罗斯、土耳其、乌克兰等国境内),继而吞并叙利亚和巴勒斯坦,于公元前61年凯旋罗马。翌年与克拉苏和恺撒结为"前三头同盟",左右罗马政局。公元前53年"三巨头"分裂,庞培成为元老院领袖。公元前49年内战爆发,他逃往希腊,在法萨卢斯被恺撒打败(前48年),逃到埃及后被杀。

22. **Punic Wars 布匿战争** 古罗马与迦太基争夺地中海西部统治权的战争,共三次,分别发生于公元前264—前241年,前218—前201年和前149—前146年,以迦太基覆灭告终。第一次战争主要是在地中海上的海战。开始在西西里岛交战,接着罗马进攻迦太基本土并打败迦太基。第二次战争是三次战争中最著名的一次,迦太基主帅汉尼拔率大军和战象穿过阿尔卑斯山,入侵罗马,罗马则出兵迦太基本土,虽然汉尼拔回军援助,但也无回天之力,迦太基战败,丧失全部海外领地。第三次战争,罗马主动进攻,长期围困迦太基城,最终迦太基战败,惨遭屠城,沦为罗马的一个行省,罗马获得了地中海西部的霸权。

23. **Roman Architecture 罗马式建筑** 罗马式建筑是古罗马文明最重要的遗产之一,延续了古希腊建筑的非凡成就。在公元1至3世纪,建筑的形式、技术与艺术就达到西方古代建筑的巅峰。罗马式建筑一般以厚实的砖石墙、半圆形拱券、逐层挑出的门框装饰和交叉拱顶结构为主要特点。傲视古今的圆形斗兽场,气贯长虹的高架引水渠,典雅壮丽的立柱长廊,精美绝伦的拱顶建筑,平坦笔直的条条大道,无不反映出罗马人傲视四海、气吞八方的气概。帝国时代的罗马城,建有30道城门。城内有数百座神庙,9个大剧场,两个圆形大竞技场,16所大型公众浴室以及许多宫殿、凯旋门和纪念柱等。

许多遗迹都保存至今。在公元2世纪,帝国境内的大道已有372条之多,总长度达8万公里。"条条大路通罗马",便是对罗马帝国便捷交通的真实写照。在罗马城的郊外,古罗马人为了农业灌溉的需要,还修建了独特的高架引水工程——水道桥。公元4世纪下半叶起,罗马式建筑潮日趋衰落。15世纪后,经过文艺复兴、古典主义、古典复兴以及19世纪初期法国的"帝国风格"的提倡,罗马式建筑在欧洲重新成为学习的范例。这种现象一直持续到20世纪20至30年代。

24. Roman Law 罗马法 泛指罗马奴隶制国家法律的总称,其发展被分成王政时代、共和时代和帝国时代三个阶段。罗马法作为古罗马制度文化和国家机器的核心,主要涵盖以下几个方面的内容:(1)依据表现形式的不同,分为习惯法和成文法,公布于公元前449年的《十二铜表法》标志着罗马成文法的诞生;(2)依据调整对象的不同,罗马法体系中又有公法和私法的区别,私法即习惯上的罗马民法;(3)依据使用范围的不同,罗马法还有公民法和万民法(罗马帝国统治范围内的国际法)的差异。从司法实践上看,罗马法可以追溯到共和时代的《十二铜表法》,此后不断取得新的进展,并在东罗马帝国时期臻于成熟。公元438年罗马皇帝狄奥多西二世对君士坦丁大帝之后历任皇帝所签署的训令加以整理,汇编成著名的《狄奥多西法典》。约一个世纪后,查士丁尼一世下令重新对大部分罗马法进行汇总,编纂成了12卷的罗马法集大成之作《民法大全》,又称《查士丁尼法典》,从而使罗马法朝着系统化的方向发展。该法奠定了后世法学尤其是大陆法系民法典的基础,被列为大陆法系国家的法律学生的必读书目。在古代世界各国中,罗马法是内容最完整、体系最完备的法律。它既是维系和稳定帝国统治的工具,也是罗马人对人类文明最卓越的贡献,对近代世界,尤其是对西方社会产生了广泛、深远的影响,成为欧洲大陆各国立法所遵循的范本,其中所体现的人人平等、公平至上的法律理念具有超越时间和空间的永恒价值。英国的《权利法案》、美国的《独立宣言》、中国的《民法通则》等都受其影响。

25. Roman Religion and Mythology 古罗马的宗教与神话 古罗马人所信奉的宗教属多神教,为自然崇拜与祖先崇拜相结合,无庙宇和祭司;崇拜仪式以家庭为基本单位,各家供奉自己的神像和祭祀祖先的亡灵。神灵形象和神话不像古希腊诸神那样具有人的情感与行为特征。罗马人较注重现世,且以农牧为主,故神灵多与农作物有关,如爱神丘比特(Cupid)原为葡萄之灵,战神玛尔斯(Mars)原为五谷之灵,月亮女神狄安娜(Diana)原为树木之灵等。与希腊文明接触以后,罗马宗教的希腊化使罗马诸神被同化达到了与希腊诸神的一致性,获得了类似于希腊诸神的性格、图像和神话传说。例如,罗马神话中的主神朱庇特(Jupiter)、美与爱之神维纳斯(Venus)就等同于古希腊神话中的宙斯(Zeus)和阿芙洛蒂忒(Aphrodite)。但古罗马神话中多了小爱神丘比特(Cupid),他是维纳斯的儿子,背囊中有两种箭:金箭和铅箭。如果一个人被金箭射中,便会陡生爱欲,心中燃起爱的熊熊火焰;若被铅箭射中,则心如寒冰,甚至心生怨恨。

26. Roman Senate 罗马元老院　是兼有立法和管理权的重要国家机构,罗马共和制的基础。美国参议院、英国上议院都是由"元老院"一词转化而来,不仅是名称上有联系,它们的职能、作用都有相通之处。关于元老院的建立年代,学者们意见不一,古典作家认为,早在罗马建城之初,即传说中的罗慕路王统治时期,元老院就已经建立起来了。在王政时期末期,元老院经过原始社会军事民主制氏族酋长会议长期的发展,已基本上成型,规模大体为300人。最初的成员是贵族家庭中的一家之主,后也吸收前地方行政长官和担任显要公职的人士。在早期共和时期,元老院的威望和地位达到顶峰,拥有军事、外交、司法、立法等多种职能,有权批准、认可法律,并通过执政官掌管财政外交,统辖行省和实施重大宗教措施等。帝国时期,政权日益集中于皇帝,元老院实权日削,已失去其原来的地位,但仍然是贵族统治的支柱。

27. Second Triumvirate 后三头同盟　指公元前43年,由盖乌斯·屋大维、马克·安东尼和马尔库斯·埃米利乌斯·雷必达组成的政治同盟。与"前三头同盟"秘密结盟,共同对付元老院所不同的是,"后三头同盟"是公开结成,由元老院和公民大会认可,取得五年间处理国家事务的合法权力。"后三头"掌权后在罗马发布了公敌宣告,在这场报复的浪潮中,包括西塞罗在内的300名元老和2000名骑士丧命。公元前42年,安东尼和屋大维进军希腊,与共和派军队进行了腓力比战役,彻底摧毁了共和派的势力。公元前40年,"后三头"在肃清政敌后再次划分势力范围:安东尼控制罗马东部地区,屋大维统治意大利和高卢,雷必达统辖北非。屋大维坐镇罗马,渐渐积累了雄厚的实力。公元前36年,屋大维解除了雷必达的军权,兼并北非,至此"三头同盟"变成了两强对峙。公元前32年三头分治协议5年期满,屋大维和安东尼公开决裂。次年9月,屋大维与安东尼大战于希腊的亚克兴海角,大获全胜,后进军埃及,安东尼和克列奥帕特拉双双自杀。托勒密王朝灭亡,埃及被并入罗马。公元前29年秋,屋大维返回罗马,成为罗马内战时代唯一也是最后的胜利者,并揭开了罗马历史上新的一页——共和制走向覆亡,帝制在罗马建立起来。

28. The Legend of Rome 罗马的传说　罗马被称为"永恒之城",距今已有2700多年的历史;位于意大利中部的台伯河下游平原,是古罗马帝国的发祥地和首都,也是天主教徒的圣地,以其悠久的历史和绚丽的风光名扬天下。"罗马"之名源于"母狼乳婴"的传说:希腊入侵者攻占特洛伊城后,特洛伊王子一家逃离虎口,来至台伯河畔安顿下来,后特洛伊王子的后代西尔维娅做了战神马尔斯的妻子,生下一对孪生兄弟罗慕路和勒莫。当时的国王知道后大发雷霆,派人杀死西尔维娅,还把两个孩子放进一个篮筐,扔进台伯河。篮筐被冲到岸边,一只母狼跑来,用狼乳哺喂两个婴儿。一天,一个猎人发现了这两个孩子,把他们从狼群中救出来,并抚养成人。兄弟俩长大后,变得和父亲战神马尔斯一样力大无穷、武艺惊人。他们杀死国王,为母亲报了仇。公元前753年4月21日,罗慕路在母狼哺育他们的台伯河畔建城,并用自己的名字作为城名,后来慢慢演化成"罗马"这个名称。今天的罗马城徽图案就是一只母狼看着两个男孩。在罗马的帕拉佐博物馆里,还陈列着一只母狼陪伴两个男孩的铜雕。

29. **The Rise and Spread of Christianity 基督教的兴起与传播**   基督教公元1世纪中叶产生于地中海沿岸的巴勒斯坦,135年从犹太教中分裂出来成为独立的宗教。公元42年,彼得在罗马传教,以此为起点基督教开始在希腊罗马世界传播。罗马上层人士一般信仰希腊的多神教,所以基督教早期主要在下层中传播,特别是在奴隶中传播。从公元64年开始,罗马帝国在尼禄皇帝的指示下,开始了第一次公开迫害基督教的活动。从此之后直到303年间,罗马帝国一直对基督教进行赶尽杀绝般的迫害。公元313年,罗马皇帝君士坦丁一世和李锡尼在意大利的米兰颁发了《米兰敕令》,以法律的形式确定基督教在罗马帝国合法地位。392年,罗马皇帝狄奥多西一世正式宣布基督教为国教。从此,基督教开始了成为世界宗教的历程,并逐渐成为中世纪欧洲封建社会的主要精神支柱。

30. **Trajan 图拉真**(约53年—117年)   罗马帝国皇帝(98年—117年),五贤帝之一。图拉真出生于西班牙,是第一位国外出生的罗马皇帝,他既是一位优秀的统帅,也是一位颇有行政才能的执政官。在位期间,对内改革财政,加强集权统治,大兴土木,修建城市、港口、桥梁和道路,使社会经济繁荣昌盛,国力空前强大;对外发动战争,北征、东伐,使帝国的版图达到极盛,帝国发展到达巅峰,成为恺撒之后罗马最大的、也是最后的一位成功的扩张者和侵略者。由于功绩卓著,图拉真获得了罗马元老院赠予的"最佳元首"称号。图拉真在东征过程中由于年老体弱,心力交瘁,不幸病倒,公元116年,病情恶化,突然瘫痪,117年在小亚细亚东南角的塞利努斯城去世,没能回到罗马。图拉真在位19年,终年64岁。

第三单元

希伯来文化与耶稣的诞生

课前导读

在学习本单元内容前,请思考以下问题:

- 你了解多少与耶稣有关的故事?

- 你是否知道"伊甸园"这个词?你了解它的起源吗?能否讲述亚当和夏娃的故事?

文化概览

圣经的历史

《圣经》是一部古老的故事集,由《旧约》和《新约》两部分组成,包括66卷(关于《旧约》,埃塞俄比亚正教承认52卷,东正教承认48卷,天主教承认46卷,新教承认39卷;《新约》共27卷——编者注),由40多个作者经过约1600年的时间创作而成。

《旧约》是在《犹太教圣经》的基础上改编而来的,后者主要讲述了古代犹太人的历史。《旧约》总共39本书,写于约公元前1500年到公元前400年。几个世纪以来,犹太人的历史被记录在羊皮纸卷和石板之上,作者包括国王、牧师、预言家和其他领袖。前五本书称为《律法书》,相传是由摩西在公元前15世纪前期编撰而成。此后,其它圣经文本由犹太人在接下来的一千年时间里编写收集而来。大约公元前450年,拉比议会成员将犹太教的《律法书》和圣经经典进行整理,此后将其视为上帝旨意的权威代表。正是在这段时间里,《旧约》中的故事根据主题分为《律法书》(Torah)、《先知书》(Nebiim)和《文集》(Ketubim)。这些希伯来语的首字母T、N和K组成了希伯来圣经的名字《塔纳赫》。

早在公元前250年,埃及亚历山大的犹太学者们便开始将《旧约》翻译成希腊文。这个译本被称作《七十士译本》,意指依据传统由七十人(也可能七十二人)组成的译者团队所译。如今我们所看到的《圣经》故事顺序正是在此次翻译中所调整的:《历史书》(《创世纪》到《以斯帖记》)、《诗歌》(《约伯记》到《雅歌》)和《先知书》(《以赛亚书》到《玛拉基书》)。

《新约》是基督教圣经的第二个重要组成部分,包含了耶稣基督生平和传教活动的历史记载。《新约》内容中明确论及公元一世纪的基督教。因此,《新约》(整体或部分)总是伴随基督教在全世界的传播,反映了基督教信仰制度,同时也是其来源之一。

《圣经·新约》是用通用希腊语写成的基督教作品合集,于公元1世纪的不同时期由不同作者写成,这些人都是拿撒勒耶稣的早期犹太门徒。在当今几乎所有基督教传统中,《新约》由27本书组成,其中包括在大约公元40年到90年成书的四部《福音书》。

《圣经》以一段不寻常的历史故事开始:大约三千多年前,亚伯拉罕住在古代重要城市乌尔,上帝召唤他离开自己的家园,去往巴勒斯坦开始游牧生活。亚伯拉罕听从了上帝的话,因为他相信并且信任上帝。早在《圣经》的第一本书中就记载着,中东地区是上帝人类计划的发源地。如今中东地区已成为世界关注的核心,部分原因是由于此地为各种宗教信仰的发祥地。

自从公元前10世纪大卫王将耶路撒冷立为首都后,该城就变成了犹太人的圣地,《圣经》中曾提及632次。基督教徒敬畏耶路撒冷不仅仅因为《旧约》历史,而且也由于这里在耶稣的生命中具有重要意义。根据《新约》所说,耶稣诞生后不久便被带到耶路撒冷,后来他净化了第二圣殿。据说马可楼位于锡安山上,是耶稣最后晚餐的所在地,同时也是大卫王墓穴的所在地。几个世纪以来,中东地区尤其是耶路撒冷成为犹太教圣地已经有大约三千年,成为基督教圣地大约两千年,成为伊斯兰教圣地近一千四百年。

基督教故事:耶稣诞生

耶稣是基督教的中心人物。他的生活、预言和传教活动都被记录在了《圣经·新约》的四卷福音书中。有关耶稣基督诞生事件的圣诞故事通常都基于《圣经》的记述。耶稣的母亲玛利亚住在巴勒斯坦北部拿撒勒城的加利利,她是一个处女,和一个犹太木匠约瑟夫订了婚。一个天使找到她并告诉她,她会受圣灵感召怀孕,生下的男孩取名为耶稣。

最初玛利亚觉得害怕并对天使所言感到困惑。因为她是一名处女,所以她质疑天使:"这怎么可能呢?"天使随后解释,这个孩子是上帝自己的孩子,而上帝是无所不能的。怀着谦卑和敬畏的心,玛利亚相信了上帝使者天使的话,并且为救世主赐予的孩子感到高兴。

当玛利亚告知约瑟夫自己怀孕的事实,约瑟夫无疑感到耻辱。他清楚地知道孩子不是自己的骨肉,玛利亚会因这种明显的出轨行为而背上严重的污名。约瑟夫不仅有权利解除婚约,更严重的是,根据犹太法律,玛利亚还可能会被处以石刑。虽然约瑟夫起初想解除婚约,但他用最大的善意对待玛利亚。为了不给玛利亚带来更多的耻辱,他决定悄悄行事。上帝派了一位天使托梦给约瑟夫,向他解释了玛利亚怀孕的事实真相,并告之他与玛利亚的婚约是上帝的旨意。天使接着说明玛利亚的孩子是由圣灵感孕的,孩子的名字是耶稣,他就是弥赛亚(救世主)。

约瑟夫从梦中醒来之后决定遵照上帝的吩咐,冒着可能遭受到公众羞辱的危险将玛利亚娶回家。那时,恺撒·奥古斯都大帝颁布了一项人口普查法令,规定罗马帝国所有的人都要回到原籍所在地进行人口登记。约瑟夫必须回到伯利恒和玛利亚一起接受登记。在伯利恒,玛利亚诞下了耶稣。因为正在进行人口普查,旅馆十分拥挤,所以玛利亚只得在一个简陋的马厩生产,然后把小婴儿用布包起来放在马槽里。

在田野上,几个牧羊人正在夜色中照看他们的羊群,上帝将一位天使派到他们面前,天使宣布救世主已经在大卫城(伯利恒)诞生。突然,圣灵同天使一起降临,开始为上帝唱赞歌。这些圣灵消失之后,这群牧羊人决定去伯利恒寻访这位上帝之子。他们见到了玛利亚、约瑟夫和马厩里的孩子。拜访之后,他们开始传播这个神奇的孩子的故事和天使之言,并继续歌颂和赞扬上帝。

耶稣诞生之后,希律王成为朱迪亚国王。这时东方三博士观察到一颗星星升起,他们顺之寻找,因为他们知道这颗星星象征着犹太王的诞生。三博士来到耶路撒冷的犹太统治者面前,向他们询问耶稣的诞生地。这些统治者回答"在朱迪亚的伯利恒"。希律王密会东方三博士,要求他们在发现这个孩子之后向他汇报。希律王告诉他们,他也想同去朝拜圣婴,但暗地里却意图将婴儿杀害。

于是,东方三博士继续跟随这颗星星试图找到新生的国王,他们在伯利恒找到了耶稣和他的母亲。他们向耶稣鞠躬朝拜,并献上黄金、乳香和没药三样宝物。当他们离开的时候,并没有返回希律王的领地,因为有人在梦中警告他们说希律王正在追杀这个孩子。

(Based on: http://christianity.about.com/od/biblestorysummaries/p/christmasstory.htm)

创世纪

上帝首先创造了天和地。在接下来的六天里,又创造了白昼和黑夜、海洋和天空、陆地和植物、日月星辰、鱼类、鸟类以及各种陆栖生物。最后,上帝根据自己的形象创造了一个男人亚当和一个女人夏娃。上帝看着他所创造的一切,对它们十分满意。于是他在第七天休息。

上帝为亚当夏娃准备了美好的生活之地——伊甸园。园中有许多上帝为他们种植的果树,不仅枝叶茂盛十分悦人,而且长着可口的果实。上帝告知他们可以享用园中所有的果实,唯独不能吃能分辨善恶的智慧树上的果实,否则他们将会因此死去。

一天,蛇对夏娃使了诡计。它对夏娃撒谎说,如果吃下能分辨善恶的树上面的果实,就会变得和上帝一样。于是,夏娃吃了这棵树上的果实,并劝说亚当也吃了一些。后来,他们意识到自己违反了上帝的意志犯下了罪行。当他们听到上帝走近的声音时,因为害怕和羞愧而试图躲避起来,但最终他们不得不承认自己犯下了过错。

上帝对蛇下了诅咒,使它终身以腹部伏地爬行。他还增加了夏娃生产时的疼痛;让杂草和荆棘生长,因此亚当必须努力地工作来种植食物。上帝将他们驱逐出伊甸园,他们无法再吃到伊甸园中的水果。但是上帝许诺终有一天夏娃的后代将打破罪恶的力量。

亚当和夏娃离开伊甸园以后有了两个儿子,该隐和亚伯。当他们长大以后,亚伯饲养牛羊,而该隐种植庄稼。一天,该隐和亚伯向上帝献上祭品。上帝对亚伯的祭品十分

第三单元 希伯来文化与耶稣的诞生

满意，因为亚伯心地正直，而该隐的祭品并没有得到上帝的欢心。上帝告知该隐必须战胜他的罪孽。该隐不仅没有听从，反而恼羞成怒，在嫉妒的驱使下将自己的兄弟杀害。于是上帝对该隐下了诅咒，令大地上的作物不再为该隐生长。

亚当和夏娃还有另外一个叫赛斯的儿子，此外还有别的孩子。他们的孩子又结婚生子，于是地球上开始布满了人类。但是他们变得十分邪恶。一个叫拉麦的人吹嘘自己没有任何正当理由却杀死了一个年轻人。人类罪孽深重，于是上帝决定要以一场大洪水毁灭所有邪恶的人类。

只有诺亚令上帝满意，他命令诺亚建造一艘大船，取名为方舟，以保护他的家人和动物免遭洪水之灾。诺亚听从了上帝的安排，建造了这艘方舟并在船上装满了食物。接着，上帝将每种动物都带了两只到方舟上。当这些动物都安全上船后，上帝降下持续四十天的大雨。大地完全被水淹没，即使最高的山峰也未能幸免。但在方舟里的诺亚安然无恙。洪水之后，诺亚建造了一个祭台来表示对上帝的感激。上帝承诺此后再也不会有大洪水，并在天空中挂上彩虹作为自己承诺的象征，此外，他还下达命令任何犯谋杀罪的人都必须被处死。

洪水之后，诺亚的子孙又开始遍布地球。但他们不信奉上帝而是崇拜神像。人们骄傲自大、建造通天塔。于是上帝让他们说不同的语言，使他们产生分歧。随后上帝将他们散布在地球各处，不去理会他们的盲目崇拜。

上帝选择了一个叫亚伯拉罕的人，他会创立一个信仰上帝的国家。上帝召唤亚伯拉罕和他的妻子撒拉离开他们的家去往一个叫迦南的地方。上帝向亚伯拉罕许诺他的子孙数量会比天上的繁星还多，并且他们将拥有迦南福地。当时的亚伯拉罕膝下无子，也不拥有任何土地，但他相信上帝，而这正是他的正直品质所在。上帝要求亚伯拉罕行割礼，他所有的男性后代也都必须行此礼作为与上帝的一种契约。

亚伯拉罕有一个儿子，名叫以实玛利。他是阿拉伯人的祖先。但是以实玛利并不是上帝所承诺的孩子。亚伯拉罕和他的妻子撒拉等了十五年之后才有了他们企盼已久的儿子以撒。以撒又有两个儿子以扫和雅各。上帝给雅各赐了新名以色列。雅各有十二个儿子，他们的各自家族形成了以色列的十二个部落。十二个儿子中约瑟最受雅各宠爱，他也因此遭到了兄弟们的妒忌。一天，他们合伙将约瑟当成奴隶卖给一群前往埃及的人。

约瑟做奴隶时忠心耿耿，负责管理主人的整个家庭。一天，约瑟奉命为法老解梦，这个梦预示着将发生一场持续七年的饥荒。约瑟告诉法老如何储存食物度过难关。因为这件事，约瑟从一名囚犯一跃变成了仅次于法老的埃及统治者。饥荒发生的时候，约瑟的兄弟为购买食物来到埃及。约瑟原谅了他们，并邀请他们到埃及居住。约瑟意识到上帝有意让他经受奴隶生活和监狱之苦，这样他才能将家人迁移到埃及。

文化背景知识

1. **Abraham 亚伯拉罕**　多国之父的意思,圣经故事人物,相传为希伯来民族和阿拉伯民族的共同祖先。原名亚伯兰(意为"崇高之父"),是犹太教、基督教和伊斯兰教的先知,耶和华从大地众生中所选并给予祝福的人。圣经《创世记》记载,神应许亚伯拉罕,要通过他的子民,使天底下所有的国度都被祝福,基督教将此解释为通过耶稣基督得到救赎。犹太人、基督徒及伊斯兰教徒都承认亚伯拉罕是以色列人的祖先。对穆斯林而言,亚伯拉罕(称为易卜拉欣)是伊斯兰的先知,且是穆罕默德的先祖。

2. **Bethlehem 伯利恒**　西南亚巴勒斯坦地区著名古城,坐落在耶路撒冷以南10公里处,为犹太教、基督教圣地。对于基督教而言,伯利恒以耶稣的出生地而闻名于世,也是世界上最早出现基督教团体的地方,每年吸引全球数百万基督徒前来朝圣。根据圣经记载,伯利恒也是大卫王的出生之地和加冕成为以色列国王之地,因此伯利恒对于犹太教也有重要的意义。历史上,该地曾经被众多的帝国所统治,在现代以穆斯林占多数,但仍然拥有巴勒斯坦最大的基督徒社区之一。由于该市拥有圣诞教堂,在圣诞节期间这里成为基督徒朝圣中心之一。

3. **Cain and Abel 该隐与亚伯**　圣经故事人物,耶和华创造的第一对男女亚当和夏娃被逐出伊甸园后所生的儿子,是人类的第一对兄弟。兄长是该隐(意即"得到的"),长大后种地为生;次子亚伯(意即"虚空")则成了牧人,牧羊是为祭祀神,侍奉神,亚伯代表有信心而敬畏神的人。该隐和亚伯分别向耶和华献上供物,亚伯献上"羊群中头生的羊和羊的脂油",该隐所献的是"地里出产的蔬菜",耶和华看中了亚伯和他的供物,但是没有接受该隐的,该隐因神不悦纳供物而"大大向神发怒",对亲生兄弟亚伯心生嫉妒和仇恨,最后把亚伯杀了。就这样,该隐成了人类历史上第一个杀人犯。当神质问该隐亚伯在哪里的时候,该隐又"撒了谎",因而受到上帝惩罚,被放逐到伊甸东边挪得之地。

4. **Canaan 迦南**　巴勒斯坦一地区,据传由上帝赐给亚伯拉罕及其后裔。作为以色列人(犹太人)的圣地,在圣经中被称为"乐土、流着奶和蜜"的地方,最初是亚伯拉罕带领着信徒追寻的地方。"迦南"一词主要出现在圣经中,希腊人则称之为"腓尼基"。这个词作为地区名,主要是指今天的巴勒斯坦、叙利亚和黎巴嫩。

5. **Galilee 加利利**　巴勒斯坦北部一多山地区,包括耶稣的家乡拿撒勒、提比利亚、加利利湖等地方。古代的加利利可能还包括今黎巴嫩南部的一些地方。加利利以耶稣基督的故乡而闻名于世。十二使徒的彼得、雅各也都是当地人,在加利利海捕鱼为业。

6. **Gospel 福音书**　福音的意思是"好消息",四福音书就是四卷记载关于救世主耶稣降生好消息的书。在基督教传统中,狭义上的福音书指的是《马太福音》《马可福音》《路加福音》《约翰福音》四部福音书。四福音书是新约圣经的前四卷书,作者分别是马太、马可、路加和约翰。福音书主要记述了耶稣的生平与复活事迹。但历史上不同的基督教教派对福音书的内容有不同的看法。其中某些福音书已经失传,如《希伯来福音书》;某些福音书则被主流教会认定为伪经,如《巴拿巴福音》《多马福音》《犹大福音》《雅各福音书》。

7. Herod 希律(公元前74年—前4年),又译希律王、亦被称为大希律王(Herod the Great)、希律大帝、希律一世(Herod I),其名字的意思是"英雄世家"。罗马统治时期的犹太国王(公元前37年—前4年),希律王朝的创始人,后期实行恐怖统治,在新约中马太宣称他曾下令屠戮伯利恒城所有男婴,以确保婴儿耶稣的死亡,因为他认为耶稣是自己未来的对手。耶稣一家在其死后才得以重返拿撒勒。希律王以残暴而闻名,他曾下令杀死自己的三个儿子,因此史上载有"当希律王的猪比当他的儿子更好"的说法。他还以莫须有的"通奸罪"为由处死了自己的妻子米利暗。但他也是犹太历史上最著名的建设者,在位期间,大兴土木,扩建耶路撒冷的第二圣殿,并修建了马萨达堡垒等一批纪念碑式的建筑。他曾提供粮食救济希腊的饥荒而被希腊人选为奥林匹克运动会主席。他死后葬在圣城以外12公里的希律堡,疆土被分封给余下的三个儿子。

8. Holy Bible 圣经 指犹太教和基督教(包括天主教、东正教和新教)的宗教经典。犹太教的宗教经典是指圣经旧约部分,即《希伯来圣经》,记载的是耶和华创造世界、人类犯罪、犹太民族的形成发展,以及关于世界的预言;而基督教圣经则由旧约和新约两部分构成,其中旧约与《希伯来圣经》内容大致相同;新约是基督教本身的经典,包括记载耶稣言行的"福音书"、叙述早期教会情况的《使徒行传》、使徒们的"书信"和《启示录》。圣经不仅是一本宗教读物,其中更融合着历史、文化、政治、经济等,是西方文化的重要源泉,也是一部包罗万象的百科全书。它是世界上发行量最大、发行时间最长、翻译成的语言最多、流行最广泛、读者面最大、影响最深远的一部书,已被列入吉尼斯世界纪录大全。

9. Isaiah 以赛亚书 以赛亚书是《圣经·旧约》的第23卷书,是上帝默示由先知以赛亚执笔,大约在公元前723年之后完成。以赛亚是"耶和华拯救"或"耶和华是救恩"之意。该书记载关于犹大国和耶路撒冷的背景资料,以及当时犹大国的人民在耶和华前所犯的罪,并透露耶和华将要采取判决与拯救的行动。以赛亚书是大先知书的一卷,可以说是先知书中最重要一卷。《新约》引用《诗篇》的次数最多,其次就是以赛亚书,因为以赛亚书有很多关于弥赛亚和福音的预言。有人认为以赛亚书是《旧约》圣经的福音书。

10. Jerusalem 耶路撒冷 西南亚巴勒斯坦地区著名古城,位于地中海东岸,在希伯来文中意为"和平之城",阿拉伯语为"圣城"。耶路撒冷由老城和新城两部分组成,最著名的地方是面积仅1平方公里、被一圈城墙围绕的耶路撒冷老城,其城墙高12米,有8座城门,分为基督、犹太、穆斯林和亚美尼亚4个区。耶路撒冷同时是犹太教、基督教和伊斯兰教三大宗教的圣地,是世界上唯一享此殊荣的城市。据2000年耶路撒冷统计年鉴所示,该市拥有1204座犹太会堂、158座教堂和73座清真寺。1981年被联合国教科文组织列入世界遗产名录。相传公元前10世纪,以色列的大卫王曾在此筑城建都,并把约柜移置至此,从此确立了耶路撒冷在历史上的特殊地位。大卫王之子所罗门王在这里建了犹太人的第一圣殿,这之后的漫长岁月之中,耶路撒冷分别被犹太、基督、伊斯兰教统治过500、400和1200多年,历尽沧桑,几经兴衰,曾先后18次被夷为平地,但每次之后都得到复兴,根本原因就在于这是一座世界公认的宗教圣地。在它的220个历史建筑物中有犹太教希律圣殿的遗迹西墙(犹太人称之为哭墙);伊斯兰教阿克萨清真寺和圆顶清真寺;基督教圣墓大教堂,耶稣受难之路,最后的晚餐餐室,还有奥斯曼帝国旧城城墙等。

11. Job 约伯记　基督教《圣经·旧约》中的一卷,是圣经全书中最古老的书籍,成书于约公元前1500年。约伯这个名字的含义是"仇视的对象"。该书的形式是诗歌,记述了主人公约伯的信仰历程。尽管约伯一生坎坷,备历危难,但仍坚信上帝。他的忍耐被看做是信徒的榜样。约伯一词被视作"耐心"和"坚忍"的同义词。

12. Judea(Judaea) 朱迪亚　古巴勒斯坦南部地区,包括今巴勒斯坦的南部地区和约旦的西南部地区。耶稣在世时由希律王室所统治的王国,也是罗马帝国叙利亚行省的一部分。

13. King David 大卫(?—前962年)　大卫的意思是"被爱的",古以色列国国王(前1000—前962),建立了统一的以色列王国,定都耶路撒冷,据圣经记载系耶稣的祖先。尽管大卫并非完人,但他在以色列所有古代的国王中被描述为最正义的国王。而且是一位优秀战士、音乐家和诗人。米开朗琪罗于16世纪初创作的大卫雕像被认为是文艺复兴时期的代表作,西方美术史上最优秀的男性人体雕像之一。

14. Magi 东方三博士　圣经中由东方来朝见初生耶稣的三国王或三贤士。由于波斯原文(Magus)乃占星术士(法师)之义,他们还有可能是古波斯祭司。据《马太福音》第二章记载,在希律王统治时期,耶稣降生在犹太的伯利恒。东方三博士来到耶路撒冷向耶稣朝拜。希律王得知这一消息之后内心不安,于是唤东方三博士前来,仔细询问情况,然后差遣他们前往伯利恒寻访新生的婴儿。东方所看见的那颗星,忽然出现在他们前头,指引他们来到耶稣的降生之地。他们看见新生婴儿和他母亲玛利亚,并献上了黄金、乳香、没药作为礼物。黄金表示尊贵;乳香象征神圣;没药预示基督后来遭受迫害而死。神在梦中指示他们不要回去见希律王,他们就去往别处。在这之后,耶稣和他的家人也设法逃至埃及避难。

15. Malachi 玛拉基书 《圣经·旧约》末卷,即第十二卷"小先知书"。记载了神借玛拉基发出责备与勉励的信息。玛拉基在希伯来语中是"神的使者",是旧约中最后一个先知,约于公元前430年代神向人说话。他在本书里有很多预言跟耶稣基督有关,并在400多年后得到应验。玛拉基的家系或个人背景资料无从稽考,但从他所说的预言要旨看来,他在事奉耶和华上帝方面极为热心,拥护上帝的圣名,竭力持守纯真的崇拜,对那些声称事奉上帝,但骨子里却自私自利的人非常愤怒。

16. Messiah 弥赛亚 救世主耶稣弥赛亚是个圣经词语,意指犹太人盼望的复国救主,在希伯来语中指的是上帝所选中的人,具有特殊的权力,是"被委任担当特别职务的人"。新约圣经主张生于伯利恒的拿撒勒人耶稣就是弥赛亚,因为耶稣的出现,应验了旧约圣经中的许多预言;而犹太教信徒则予以否认,并仍然期待他们心中的弥赛亚来临。

17. Moses 摩西 希伯来法律的制定者和法官,犹太人中最高的领袖和最伟大先知。摩西的名字在希伯来语的意思是"从水里拉上来"。据圣经记载,由于移居到埃及的犹太人劳动勤奋,以擅长贸易著称,积攒了大量财富,再加上从约瑟成为埃及宰相开始,犹太人口的大量繁衍,引起了执政者的不满以及恐惧,所以法老下令杀死新出生的犹太男孩。摩西出生后,其母为保其性命就取了一个蒲草箱,抹上石漆和石油,将孩子放在里头,藏在尼罗河边的芦荻中。后来被前来洗澡的埃及法老的一个女儿发现,带回宫中抚养成人。摩西长大后一次失手杀死了一名殴打犹太人的士兵,为了躲避法老的追杀,摩西来到了米甸并娶祭司的女儿西坡拉为妻,生有一子。一日,摩西受到了神的感召,回到埃及,并带领居住在那里的犹太人走出埃及,来到应许之地迦南。他宣称在西奈山上接受了上帝耶和华口头和书写的法律,这些法律包括刻在石头上的《十诫》,即《摩西十诫》。犹太希伯来文经卷中最为重要的经书摩西五经即《创世记》《出埃及记》《利未记》《民数记》和《申命记》被视为摩西之作。

18. Mount Zion 圣殿山 又译锡安山,是位于耶路撒冷老城东南角的一座小山,在这仅0.14平方公里的地方,保存着众多的宗教遗迹,古大卫王及其子孙的宫殿及神庙就位于此处。历史上的耶路撒冷曾先后出现两座圣殿,现已被毁。据《希伯来圣经》记载,公元前10世纪大卫之子所罗门继承王位后,在这座山上建造了首座犹太教圣殿,史称"第一圣殿",又称所罗门圣殿,用以朝拜和祭奠犹太教的主神,并存放约柜(内置刻有摩西十诫的两块石板)。这座神殿高踞山巅,坐西朝东,长30米、宽10米、高15米,气势雄伟,金碧辉煌。圣殿落成后来此朝觐和献祭的教徒络绎不绝,从而形成古犹太人宗教和政治活动的中心,但在公元前586年,耶路撒冷被巴比伦人占领,圣殿被夷为平地。公元前1世纪,希律王重建圣殿,重建后的圣殿被称为"第二圣殿"或"希律王圣殿"。第二圣殿于公元70年的犹太战争中毁于罗马帝国将军提图斯(后来成为罗马帝国皇帝)之手,仅剩下西墙残垣,即现在位于圣殿山西南侧的哭墙。公元638年伊斯兰教的阿拉伯帝国征服耶路撒冷。691年,阿拉伯哈里发阿布杜勒·马里克在犹太教圣殿遗址的北段建造了圆顶清真寺(萨赫拉清真寺),传说中犹太先祖亚伯拉罕祭拜上帝的石头就位于寺内正中央。据《古兰经》记载,伊斯兰教先知穆罕默德曾踩着这块石头登天接受真主启示后返回人间。这块陨石被穆斯林视为圣物。公元705年又在圆顶清真寺毗邻处兴建了阿克萨清真寺,是仅次于麦加圣寺和麦地那先知寺的伊斯兰第三大圣寺。另外,圣殿山上还有许多基督教的圣物。位于犹太教圣殿遗址向西400米处的圣墓教堂,是耶稣受难、埋葬、复活和升天的地点,是全世界23亿基督徒心目中的主要圣地之一。

19. **Nazareth 拿撒勒**　西南亚巴勒斯坦地区北部古城,在新约中作为耶稣童年时代的生长地而被初次提及。拿撒勒源自希伯来文,意思是"枝芽"或"苗"。《以赛亚书》曾经以"枝子"来形容大卫家系的后代。在古代,许多大卫家族的不同分支居住在此地,这可能是此地名称的由来。按照新约的叙述,拿撒勒是传说中的玛利亚故居和报信天使所在之地,是耶稣基督的故乡。天使加百利来到拿撒勒告诉玛利亚她将因圣灵怀孕,所生的将会是救世主,耶稣在降生后就是在这里长大。如今,拿撒勒是最重要的朝圣圣地。

20. **Noah's Ark 诺亚方舟**　又译为挪亚方舟,是一艘根据上帝的指示而建造的方形大船。《创世纪》第6章到第9章记载了诺亚方舟的故事。创造世界万物的上帝耶和华见到人世间的暴力和邪恶达到了无以复加的地步,于是计划用洪水毁灭地上的人类。在罪孽深重的人群中,只有诺亚在上帝眼前蒙恩,他选中了诺亚一家作为洪水灭世后人类的新始祖。诺亚花了整整120年建造成这艘长133.5米,宽22.3米,高13.4米的庞大方舟。他与家人及每种动物雌雄各一乘此方舟逃脱了40天的大洪水之灾。在洪水过后,诺亚方舟搁浅在了阿勒山上,该山因此成为圣地,驰名于欧洲和西亚的基督教世界。最后,上帝以彩虹为立约的记号,不再因人的缘故诅咒大地,方舟上的人类和万物重新开始在大地繁衍。

21. **Palestine 巴勒斯坦**　历史上西南亚的一个地区,位于地中海东岸和约旦河之间,大致相当于现在的以色列和约旦河西岸。因其在犹太教、基督教以及伊期兰世界的历史和象征意义,被称为圣地。古时其疆界曾扩展至约旦河东端。早期定居者有迦南人、希伯来人和巴勒斯坦人。在几个世纪中,它曾被埃及、亚述、马其顿、托勒密、塞琉西、罗马、拜占庭、阿拉伯及奥斯曼帝国占领。巴勒斯坦地区因历史上的各种复杂纠葛,使得犹太人和阿拉伯人皆认为该地区是其固有领土,并不惜为此诉诸武力。现今在政治上主要分为以色列和巴勒斯坦两个国家,前者为犹太人所建立,后者为阿拉伯人所建立。但即使如此,巴勒斯坦至今仍未能够正式立国,巴以冲突至今仍然延续。

22. **Rabbi 拉比**　该词最初出现于巴勒斯坦地区,意为"圣者",后来发展为对能够解释律法的人的称呼,指接受过正规犹太教育,系统学习过犹太教经典,担任犹太人社团或犹太教教会精神领袖或在犹太经学院中传授犹太教教义,主要为有学问的学者,是老师和智者的象征。犹太拉比的社会功能广泛，尤其在宗教中扮演重要角色，负责执行教规、律法并主持宗教仪式。因此，拉比的社会地位十分尊崇，连君王也经常邀请拉比进宫教导。在犹太人的宗教经典《塔木德经》中，就经常提及拉比的事迹。在历史上，拉比的主要工作是解释宗教律法；收集、整理口传律法并完成文字定稿工作；教导犹太人学习律法，遵守教规。近代以后，随着犹太教的分化，拉比的地位和作用也发生了变化。其职责范围在不断地拓宽，远远超出了宗教的范畴。比如，在美国，拉比既是经师，又是老师、学者；既要守护传统的信仰，又要试图解决诸如贫困、女权运动、权力腐败及信仰迷失等现代问题。

23. **Septuagint 七十士译本**　是新约时代通行的希伯来圣经的通用希腊语译本，也是译自希伯来语的译本中第一部实际用文字写下来的译本，为希伯来文圣经早期译本中最重要的一部，以后旧约的拉丁文译本、叙利亚文译本等多根据《七十士译本》而成。该译本的翻译工作始于公元前 280 年左右。据传统的说法，翻译工作由 72 位在埃及亚历山大的犹太学者担任。后来人们由于某种原因只提及 70 个译者，于是译本遂称为《七十士译本》。《七十士译本》最初只指摩西五经，后来才通指全部包含二十四卷的《圣经·旧约》，普遍为犹太教和基督教信徒所认同。

24. **The Book of Esther 以斯帖记**　《圣经·旧约》中的一卷，以《圣经》人物以斯帖命名，以斯帖是公元前 5 世纪中期古代波斯的王后，一名美丽善良的犹太女英雄，在遭遇民族危难之际，她为了挽救在波斯境内的犹太人的性命，勇担使命，和全族人禁食三天，籍神的守护，运用自己的智慧，在波斯王面前揭露了波斯宰相哈曼的阴谋，使哈曼获得被绞死的下场，拯救犹太人免于灭族之灾。为了纪念犹太人战胜哈曼的灭犹阴谋，犹太历 12 月 14 日（相当于公历 2 月下旬和 3 月上旬之间）被命名为"普珥节"（Feast of Purim），每逢该节人们要在犹太会堂颂读《圣经·以斯帖记》，并聚会庆祝、盛装假面、互赠食品、饮酒欢宴、施舍穷人。为了表达对哈曼的刻骨仇恨，犹太人还模仿哈曼的三角耳，制作出一种叫哈曼耳朵的甜点，以供大家在普珥节享用。

25. **The Garden of Eden 伊甸园**　据《创世记》记载，上帝耶和华照自己的样子创造了人类的祖先亚当，再用亚当的一根肋骨创造了女人夏娃，并在东方的伊甸为亚当和夏娃造了一个园子，称为伊甸园，在圣经原文中是"乐园"的意思。那里地上撒满金子、珍珠、红玛瑙；树木枝繁叶茂，遍地奇花异草；树上的果子可以作为食物。园子当中还有生命树和分别善恶的智慧树。河水在园中淙淙流淌，滋润大地，分成四道环绕伊甸，这四条河分别是幼发拉底河、底格里斯河、基训河和比逊河。作为上帝的恩赐，天不下雨而五谷丰登。

26. **Last Supper 最后的晚餐**　描述了两千年前耶稣基督被钉上十字架的前夕与十二使徒共进的最后晚餐。据新约圣经《马可福音》记载：耶稣最后一次到耶路撒冷去过逾越节,犹太教祭司长阴谋在夜间逮捕他,但苦于无人带路。正在这时,耶稣的门徒犹大为了钱向犹太教祭司长告密,出卖了耶稣,犹太教祭司长给了犹大30块钱。于是,犹大跟祭司长约定:他亲吻的那个人就是耶稣。在逾越节的前夜,耶稣知道自己被门徒犹大出卖了,所以召集门徒一起共进最后的晚餐。晚餐时,耶稣宣布了自己被出卖的消息。即使面临灾难,他仍然从容而坚定,体现了基督伟大的殉难精神和博爱的胸怀。同时,通过最后的晚餐,耶稣将面包和葡萄汁给门徒享用,确立了基督教的圣餐仪式,圣餐礼是仅次于洗礼的基督徒重要礼仪,对后世影响深远。圣餐中擘开的无酵饼,象征耶稣的身体在十字架上舍身;杯中鲜红的葡萄汁代表示耶稣为世人舍命所流的宝血。意大利艺术家列奥纳多·达·芬奇以这一圣经故事为题材,创作了绘画《最后的晚餐》,该画作收藏于意大利米兰的圣玛利亚德尔格契修道院,被认为是达·芬奇艺术成就的最高峰,也标志着文艺复兴艺术创造的成熟与伟大。

27. **The Law(Torah)律法书(托拉)** 希伯来文意为"教谕"。广义上指上帝启示给人类的教导;狭义专指《旧约全书》首五卷中的律法,犹太教称为摩西五经,即《创世记》《出埃及记》《利未记》《民数记》和《申命记》。律法书是犹太教经典中最重要的部分,也是公元前6世纪以前唯一的一部希伯来法律汇编,是犹太国国家的法律规范。其主要内容是:神的创造、人的尊严与堕落、神的救赎、神的拣选、神的立约、神的律法。《创世记》描述关于上帝如何创造世界、人类起源和遭遇的故事,意在说明以色列民族的历史是上帝的旨意,以色列人应该世代铭记上帝的恩惠并且侍奉上帝。《出埃及记》描述了以色列人在摩西的带领下摆脱埃及的统治和压迫的故事。《利未记》被称为"先知法典""祭祀法典",祭祀按照规定都应该出自于利未部落。《民数记》因多次提到户口调查和士兵登记而得名。《申命记》,申命意为"重申法律",但有人怀疑此为"托古改制"之作,实际是服务于宗教改革的。

28. **The Tanakh 塔纳赫** 即《希伯来圣经》,是犹太教第一部重要经籍,后来的基督教称为"旧约圣经"。塔纳赫是希伯来文的音译。整部《塔纳赫》共24卷,所以又称二十四书,由三个部分组成,分别是《托拉》,一套5卷,普遍称为摩西五经;《先知书》共8卷,分上下两部分,记录了犹太先知们的事迹;《圣录》意思是作品集,共11卷,内容主要涉及礼拜仪式、诗歌、文学、历史等。"Tanakh"(塔纳赫)是这三部经卷名称首字母构成的缩合词。

29. **The tower of Babel 巴别塔** 又称巴比伦塔、通天塔。巴别是《圣经》中的城市名,意为"混乱,嘈杂"。据圣经《创世记》第11章记载,诺亚的后代拟在此修建一座能通往天堂的高塔,上帝怒其狂妄,使建塔人突操不同的语言,相互间无法沟通,人类自此各散东西,塔因此终未建成。巴别塔事件是人类语言和人类世界由一统变为多元的分水岭。巴别塔中途停工的画面在宗教艺术中有象征意义,表示人类狂妄自大最终只会落得混乱的结局。

30. **Ur 乌尔（吾珥）** 古代美索不达米亚南部的一个苏美尔人城邦。美索不达米亚是古希腊对幼发拉底河和底格里斯河两河流域的称谓。乌尔古城据说是世界上首座城市，也是《圣经》中犹太人始祖亚伯拉罕的出生地，始建于公元前30世纪上半叶，公元前2300年达到全盛。如今遗址在位于伊拉克巴格达市东南约300公里处的穆盖伊尔，古城遗址大致呈圆形，内有庙宇、神祠和宫殿的遗址，其中最著名的是祭奉月神的巨大祭坛——塔庙和"贝特杰拜勒"宫殿遗址。

第四单元

中世纪与现代欧洲的崛起

课前导读

在学习本单元内容前，请思考以下问题：

- 你所知的中世纪是什么样子？

- 为什么这个时期被称为欧洲历史的"中世纪"？

- 你是否有这样的印象，中世纪时期是一段非常"黑暗"的历史时期？这种普遍存在的印象是因何产生的呢？

- 你对欧洲大学的早期历史有怎样的了解？

文化概览

中世纪

中世纪或中世纪时期(476—1453)是指欧洲历史中从公元 5 世纪到公元 15 世纪的这段时间。西罗马帝国的灭亡标志着这一时期的开端,其后是文艺复兴和地理大发现时期。传统意义上的西方历史分为三个阶段,中世纪是中间时期,此外还有古典时期和现代时期。而中世纪也被细分为中世纪早期、中世纪中期和中世纪晚期。

中世纪早期,在晚古时期就已开始发生的人口减少、逆城镇化和蛮族入侵等现象仍在继续。蛮族入侵者在曾经的西罗马帝国建立了新的王国。公元 7 世纪,原东罗马帝国(拜占庭帝国)的北非和中东地区在被穆罕默德后代占领后变成了伊斯兰帝国的一部分。虽然社会和政治结构上都有着实质的变化,但中世纪和欧洲远古世纪还没有完全分离。拜占庭帝国领土依旧广阔且仍然作为一种主要势力存在着。拜占庭帝国的法律《查士丁尼法典》在中世纪晚期备受尊崇。在西方,大多数国家都采纳了现存的罗马制度法规,而随着基督教在西欧国家的流传,修道院也随之建立。卡洛林王朝时期的法兰克人建立了一个新的帝国,占领西欧大多数地区;卡洛林王朝持续到 9 世纪,最后屈服于外敌入侵的压力——他们是来自北方的维京人,来自东方的马扎尔人和来自南方的撒拉逊人。

中世纪中期始于公元 1000 年。在这个时期,技术和农业上的创新使得贸易兴盛、农作物增产,因此欧洲人口剧增。中世纪中期的主要社会形式是庄园制度和封建制度。第一次十字军东征始于 1096 年,西欧的基督教徒们希望通过武力手段从穆斯林手中收复中东的圣地。国王成为中央集权国家的首领,犯罪和暴力减少了,但建立统一基督教世界的理想却变得越来越遥远。这一时期的文化生活是以宗教信仰与理性结合的经院哲学以及大学的建立为主要特征的。这一时期的卓越成就包括:托马斯·阿奎那的哲学、乔托的绘画、但丁与乔叟的诗歌、马可波罗的游记以及以沙特尔大教堂为代表的哥特式教堂建筑。

中世纪晚期充满困难和灾祸,例如饥荒、瘟疫和战争,这些灾难使得西欧人口大幅减少;从 1347 年到 1350 年,大约三分之一的欧洲人口死于黑死病。在这些王国里,教会内部的分歧、争论以及异端邪说时有发生,国家之间的战争、各国内战和农民起义此消彼长。文化和技术方面的发展改变着欧洲社会，最终宣告了中世纪晚期的终结和早期现代社会的开端。

公元 476 年被普遍认为是中世纪的起始时间。在整个欧洲范围内，虽然 1500 年被视为中世纪的结束，但并没有普遍认同的结束日期。有以下说法：克里斯多弗·哥伦布在 1492 年第一次美洲之旅，1453 年土耳其人占领君士坦丁堡或 1517 年的宗教改革，这些事件都被用来作为中世纪结束的标志。英国历史学家们通常以 1485 年博斯沃斯原野战役作为这一时期的结束时间；而对西班牙人来说，1516 年的国王斐迪南二世之死，1504 年卡斯蒂尔的伊莎贝拉女王一世之死，或者 1492 年攻占格拉纳达都标志着中世纪的结束。

(Based on http://en.wikipedia.org/wiki/The_Middle_Ages)

国家的崛起

中世纪的第二阶段是西方国家历史的形成期。法国、英格兰和西班牙的国王巩固了他们的实力，并建立起了持久的管理机制。新兴王国如匈牙利和波兰在他们皈依基督教以后变成了欧洲的中心力量。在 1000 到 1300 年间，欧洲经历了政治、经济和社会上的剧变。贸易复苏、城市发展、新兴的资产阶级正在崛起。然而，在许多地方，国王牺牲了贵族的利益来强化自己的权力，这导致欧洲许多地区出现了强有力的集权政府。

中世纪中期最大的成就之一是商业贸易在全国乃至全球范围内的增长。贸易活动的重振加上城镇生活的复苏为资产阶级（或曰中产阶级）的成长提供了条件。当然，政治和经济上的变革对中世纪中期的文化有着直接的影响。在这些年间，教会的权力达到顶峰，宗教在中世纪文化生活的界定和发展方面都起着重要作用。

公元 5 世纪罗马人从英格兰撤退，之后一个叫做盎格鲁—撒克逊的日耳曼部落入侵，十多个敌对的部落王国瓜分了该岛。王国之间的斗争逐渐消失，对该岛的统治权在不同的统治者之间更迭。阿尔弗雷德大帝不仅是一名骁勇的战士，而且为建立一个强大的国家做出了不可磨灭的贡献。他重新组建了民兵组织，如此一来国内总有部分自由民做好随时参战的准备，而其他人则可以正常耕作。他修建的船只在未来抵抗维京人攻击的战役中派上了用场，这为他赢得了英国海军之父的美名。阿尔弗雷德大帝也提高了该国的文化生活水平，他邀请来自欧洲大陆的学者到他所创办的宫殿学校讲学。同时他也鼓励僧人记录时事，《盎格鲁—撒克逊编年史》的编写在他统治后的数百年仍在继续。

对法国来说，中世纪中期也是为未来奠定基础的重要时期。与其他统治者不同的是,法国国王为未来的君主专政打下了较为成功的基础。查理曼大帝延续了其父对教皇的政策,并变成了教皇制的保护者。此外,他还强迫法兰克东边的诸民族(尤其是撒克逊人)信奉基督教,随后发动了旷日持久的战争,最终使他们服从自己的管辖。查理曼大帝于800年被教皇加冕成"皇帝",此时他到达权力的顶峰。他的帝国自罗马帝国之后第一次统一了西欧大部分地区,他也被誉为"欧洲之父"。他的统治刺激了卡洛林文艺复兴,这是一场以罗马天主教为媒介的艺术、宗教和文化复兴运动。

查理曼大帝对外征战,对内改革,促使欧洲人形成欧洲这一概念。法国与德国的君主将自己的王国视为查理曼大帝帝国的后代。到公元10世纪,中世纪帝国的建立已经达到顶峰。德意志和法兰克国王享有强大的权力和无上的声誉。德意志国王奥托一世便是新兴君主制下的君王典型。

然而,到了11世纪政教关系发生了大反转。在克吕尼宗教改革运动的影响下,教会有了很大程度的复苏。英诺森三世执教皇之位期间令教会更加强大,参与了不少世俗事务。诺曼底公爵对盎格鲁—撒克逊英国的征服开启了英法两国对欧洲最高权力进行争夺的时代,这一争夺将旷日持久。

(Based on http://wps.prenhall.com/hss_kagan_westheritage_8/11/2869/734526.cw/index.html
http://history-world.org/midbritain.htm   http://en.wikipedia.org/wiki/The_Middle_Ages)

中世纪大学的兴起

欧洲的中世纪通常被很多历史学家认为是"黑暗时期",但是大学正是在这一黑暗时期中孕育而生的。中世纪的欧洲大学在教育理念和课程设置上既继承了东方的也继承了西方的文明遗产,特别是从古希腊、古罗马和阿拉伯国家的文明当中获益,大学的雏形就是以此为特征的。

大学的设立

在11世纪末和12世纪,意大利、法国、西班牙和英格兰出现的第一批被普遍认可为大学的机构,是为学习艺术、法律、医学和神学而建立的。这些大学是从早期的基督教教堂学校和修道院学院发展而来,它们何时成为真正意义上的大学,时间很难确定。大学获得办学许可证后,才能成为正式的教育机构。博洛尼亚大学的起源可以追溯到11世纪末,该校在12世纪获得办学许可。在欧洲建成的其他早期大学包括法国的巴黎大学和英国的牛津大学。截止1500年,西欧和中欧地区已有八十多所大学存在。后来伴随着对美洲的殖民,大学被引进新世界,并作为高等教育的中心开始在全球范围内传播。

特点

中世纪的大学与我们所熟悉的现代教育机构并非迥然不同,毕竟它名义上的教学目标是培养下一代,使他们能够为某个事业工作,在中世纪的语境下,这个事业指进入教会。

最初中世纪的大学并没有类似像现代大学中的校园这样的实体设施。授课地点是任何空闲的地方,比如教堂和普通住宅。大学并不是指一个物理上的地区而是学生组织之间或学生组织与教师组织之间的联合团体。然而很快其中一些大学(如剑桥大学)开始租赁、购买或建造楼房专门供教学使用。

根据教师工资支付方式的不同,大学通常分为三种类型。第一种是博洛尼亚大学模式,教师由学生雇佣并支付工资。第二种是巴黎大学模式,教师工资由教会承担。第三种模式,例如牛津大学和剑桥大学,主要由国王和国家资助。这三种不同的模式导致了很多方面的差异。在博洛尼亚大学,学生掌管一切——这个事实使得教师常常面临巨大压力并处于不利地位。在巴黎大学,教师掌管学校事务;因此,巴黎成为全欧洲最受教师欢迎的地方。在博洛尼亚大学,学生们更多倾向于选择非宗教学习,所以他们的主要课程是法律。在整个中世纪及其后时期,拉丁语都是授课专用语言。

课程和学位

在大学学习六年可获文科硕士学位(中途可以获得文科学士学位),拥有该学位的学者便可在基督教地区任何学校授课。截至13世纪,教堂中接近一半的高等职务和超过三分之一的中等职位都由取得学位的人士担任。文科硕士的学习由文学院组织,主要教授文科七艺:即数学、几何、天文、音乐理论、文法(以赞美诗为重点,结合《圣经》的其他部分和拉丁经典著作学习阅读和写作技巧)、修辞、逻辑。最主要强调逻辑的学习。

大学学习中最普遍的课本叫做《命题》;本课程的一部分内容便是让神学学生和硕士生在课本下写下大量的评论。一旦获得了文学硕士学位,学生就能够从大学毕业,或去更高一级的学科研修。这些学科包括法律、医学或者神学,其中神学最受推崇。

学生不能自选课程:大学提供的课程都是固定的,每个人学的课程都一样,不过偶尔会有机会选择任课教师。

社会生活

中世纪大学中的社会生活跟现在的大学大同小异。大学的校规规定不许赌博,不得身着奢华服饰,不许熬夜,不许与不正经的妇女有染。但是,学生受教会保护。在这样的情况下,没人能够真正伤害他们;他们只能在教会法庭接受审判定罪,这样他们能免于遭受体罚。因此,这样的保护措施被滥用:偷窃、强奸和谋杀在学生中时有发生。如今的教授抱怨21世纪的学生会在酒吧通宵喝酒,其实这不过是延续了他们中世纪前辈留下的传统。

中世纪大学的重要性

中世纪大学的形成发展不仅在当时为学术和思想交流提供了一个重要的阵地,现在也依然如此。它对现代大学和高等教育体系标准的形成具有深远的影响。尤其是现代自然科学学科,深深根植于中世纪发展起来的学术体系当中。

(Based on: http://ancienthistory.about.com/od/romanroads/g/RomanRoads.htm)

文化背景知识

1. Alfred the Great 阿尔弗雷德大帝(849—899) 盎格鲁—撒克逊时期英格兰西南部韦塞克斯王朝的国王(871—899),英国历史上真正第一位称呼自己为"盎格鲁—撒克逊之王"的君主。他统一了割据英格兰的七个王国,将国家从危机中拯救出来,最终诞生了真正意义上的英格兰。在位期间率军击败丹麦入侵者从而保卫了英格兰,建立了英国第一支海军,被后世尊称为阿尔弗雷德大帝,同时也是英格兰唯一一位被授予"大帝"(the Great)名号的君主。阿尔弗雷德也是一名学者,在政治、文化上也都作出了杰出贡献。他颁布了《阿尔弗雷德法典》,后来成为英国习惯法的基础。他非常支持学术事业,创立贵族子弟学校,组织编纂《盎格鲁—撒克逊编年史》,鼓励并亲自参与拉丁文名著的翻译,从而为英语和英国本土文化的发展奠定了基础。他废除义务兵役制,改用土地封赐的办法加强对军队的控制,这是后来封建骑士的雏形。阿尔弗雷德大帝是欧洲中世纪最杰出的君主之一,被后世尊称为"英国国父",其形象通常被描绘在英国教堂的彩色玻璃上。

2. Aquinas,Thomas 托马斯·阿奎那(1225—1274) 意大利中世纪神学家和经院学家,多明我会修道士。出生于意大利罗卡塞卡一个贵族家庭。早年在那不勒斯大学学习,后来到科隆、巴黎,师从著名神学家大阿尔伯特,学习古希腊哲学和神学。1244年,加入多明我会,1256年获硕士学位。1259—1268年间曾先后担任过三位罗马教皇教廷的神学教师和法王路易九世的神学顾问。托马斯·阿奎那成功地将基督教的神学思想和亚里士多德的哲学融合在一起,建立起了庞大的经院哲学体系,在伦理学、逻辑学、政治学、形而上学和认识论等方面都做出了重要的贡献。著有18部巨著,其中包括集基督教思想之大成的《神学大全》和《哲学大全》《论存在和本质》《论正统信仰和真理、异教徒议论大全》等。其哲学和神学体系于1879年被教皇利奥十三世定为天主教官方学说,后世称之为托马斯主义,1323年被追谥为圣徒,1567年被命名为教义师,并被称为"普世教会博士"。在哲学界,他代表自然理性与思辨哲学相结合的最高成就。除了哲学研究之外,阿奎那创作的圣餐赞美诗也十分出名,已成为了后代教堂礼拜仪式的重要组成部分

3. Battle of Bosworth Field 博斯沃思原野战役 15世纪英格兰饱受内战之苦,英王爱德华三世(1327年—1377年在位)的两支后裔:兰开斯特家族和约克家族为争夺王位,发生了一系列战争,称为玫瑰战争(1455—1485),此名称源于两个家族所选的家徽,兰开斯特的红玫瑰和约克的白玫瑰。博斯沃思原野战役是玫瑰战争中倒数第二场战役,发生在公元1485年,为兰开斯特王朝和约克王朝之间战争中最重要的一场战役,

也是英国历史上重定乾坤之战,战火蔓延至全英格兰,最终导致了约克王朝最后一任国王理查三世的死亡,兰开斯特王朝获胜,其领袖亨利·都铎遂称王即位,建立都铎王朝,史称亨利七世。历史学家认为博斯沃思原野战役结束了法国金雀花王朝在英格兰的统治,开启了新的威尔士人都铎王朝的统治。也标记着在英格兰中世纪时期的结束并走向新的文艺复兴时代。为了纪念这次战争,英格兰以玫瑰为国花,并把皇室徽章改为红白玫瑰。

4. **the Carolingian Renaissance 卡洛林文艺复兴** 发生在公元8世纪晚期至9世纪、由查理大帝及其后继者在欧洲推行的一场适应巩固封建制度需要、奠定西欧统一的基督教文化基础的思想文化运动,被称为"欧洲的第一次觉醒"。在这次文艺复兴时期,取得了很多思想文化成果,文学、戏剧、建筑、法律以及经文研究等都得到了长足的发展。卡洛林文艺复兴的标志之一是开始了基督教教义和宗教活动的初步规范工作;标志之二是初步系统的宗教教育机构和图书馆开始出现;第三个标志是对古典拉丁文进行改革,学习新文字。卡洛林文艺复兴奠定了中世纪欧洲各种文化融合的基础,并为12世纪欧洲的文艺复兴做了各种准备;带来了崇尚文化、崇尚学术研究的新风气。在卡洛林文艺复兴的基础上初步形成了中世纪学术研究的传统,在这样的研究中诞生了现代意义上的科学、哲学等知识系统和文化体系的萌芽。虽然卡洛林文艺复兴是短暂的,但影响深远。它使西欧中世纪早期的文化衰退过程发生了转折,出现了生机。一种崭新的欧洲文明在卡洛林王朝的文艺复兴中生根了,它融合了罗马世界帝国的观念、希腊—罗马的理性遗产、基督教的思想以及日耳曼民族的习俗,为后世西欧中世纪中期的文化繁荣奠定了基础。

5. **Charlemagne 查理曼大帝**(约742—814) 768年起为法兰克国王查理一世,800年由教皇利奥三世加冕于罗马,成为查理曼帝国皇帝,从此"查理国王"变成了"查理曼","曼"就是大帝的意思。他通过继承王位和进行广泛的征服战争,到804年统一了西欧大部分地区,建成庞大帝国。经过了30年的战争,终于使撒克逊人对其臣服。他改革了法律、司法和军事制度,加强集权统治,鼓励学术,兴建文化设施,促进基督教的发展,使其宫廷成为繁荣学术的中心,学者从全欧洲各地汇集到他的都城亚琛。他引入了欧洲文明,被后世尊称为"欧洲之父"。814年的寒冬,查理外出打猎感染风寒,在首都宫中逝世,时年72岁。他死后不久,帝国就出现了分裂。843年,查理的三个孙子瓜分了帝国,在此基础上形成德意志、法兰西和意大利三个国家的雏形。法兰克人的语言也出现明显的分化,形成了法语、德语和其他西欧国家的民族语言。

6. **the Chartres Cathedral 沙特尔大教堂** 法国著名的天主教堂,坐落在法国厄尔—卢瓦尔省省会沙特尔市的山丘上,距巴黎西南100公里。沙特尔大教堂部分始建于1145年,1194年遭遇火灾,后历经26年重建方再现原貌,已经屹立了800年,见证了中世纪工程学的卓越成就,可谓法国哥特式建筑的巅峰之作。高大的中殿呈纯粹的尖拱型,四周门廊装饰着12世纪中叶的精美雕刻,再加上12世纪和13世纪光彩夺目的彩色玻璃,无一不是法国建筑史上的经典杰作,向全世界证明了哥特式建筑的伟大。"沙特尔风格"曾经风靡于欧洲各地,成为后来许多著名教堂的样本。它与兰斯大教堂、亚眠大教堂和博韦大教堂并列为法国四大哥特式教堂。公元1600年以来,一直是重要的朝圣中心,同时也是祭祀圣母玛利亚的圣地。1979年列入世界文化遗产名录。

7. the Cluny Reform 克吕尼改革 10世纪末至11世纪天主教会内部的一次重大改革运动,运动发源地为法国勃艮第地区的克吕尼修道院,故得名。针对当时教会私有化、神职人员的堕落腐化、罗马教廷势力衰微的状况,克吕尼修道院积极倡导改革,整顿教规,严格戒条,强调神职人员必须过禁欲生活,反对教会世俗化,禁止买卖圣职,反对封建主控制教会以及神职人员家族把持教权和教产。该运动得到西欧各国修道院的响应和罗马教廷的积极支持,教皇格利高利七世亲自指导运动。克吕尼运动对基督教世界产生了巨大影响,加强了教会的势力,确立起了教皇政体,使教皇权势不断攀升,形成了中世纪盛期西欧独特的社会面貌。1049年克吕尼派的神职人员利奥九世成为教皇,从此改革派掌握了教廷实权。

8. Crusades 十字军东征 伊斯兰世界称为法兰克人入侵,指1096年至1291年间由西方基督教世界所发起的、旨在收复在穆斯林征服中被占领土地的宗教战争。这场战争由罗马天主教教皇批准。参战者佩有十字标志,故称为十字军。十字军东征背后的动机既有宗教的热情,也有对土地与财富的渴望,还有发展贸易的野心。虽然十字军的主要攻击对象是穆斯林,但亦使犹太人惨遭迫害,造成了基督教徒与穆斯林之间的仇恨和敌对。十字军在圣地耶路撒冷,进行了灭绝人寰的30天大屠杀。寺院、宫殿和民间的金银财物被抢劫一空,许多古代艺术珍品损毁殆尽。十字军攻占君士坦丁堡时,对该城烧杀抢掠一星期,使这座繁荣富庶的文明古城变成了尸山火海的废墟。十字军东征的侵略暴行令东西方教会在历史上留下恶名,教会威信大为下降。从另一方面看,尽管东征使东方和西欧各国生灵涂炭,造成了巨大的物质损失,但它们对欧洲文明却有着长远的影响,在客观上打开了东方贸易的大门,推动着欧洲从一个黑暗的孤立时代走向开放的现代世界。十字军东征还使东西方文化交流增多,阿拉伯数字、代数、航海罗盘、火药和棉纸等,都是在十字军东征时期内传到西欧的。欧洲人入侵东方后,发现了在欧洲业已消失、但在当地依然可见的古希腊文化的遗存,带回欧洲后,最终间接促进了欧洲文艺复兴的出现。

9. Frank 法兰克人 5世纪时入侵西罗马帝国的日耳曼民族的一支。在3世纪到9世纪期间曾非常显赫,统治现为法国和德国的地区,建立了中世纪初西欧最大的基督教王国。在漫长的古代时期,古罗马文明以其庞大的疆域和强盛时期的军事力量影响着大陆版图上接近二分之一的文明发展,而法兰克王国的建立,等于向世界宣称了罗马帝国统治的终结与新文明时代的来临。罗马帝国灭亡后,法兰克王国在其存在的三个世纪中成为中欧和西欧最重要的国家。在它瓦解后,其组成部分逐渐演变成今天的法国、意大利和德国。查理曼大帝统治时期法兰克王国达到了鼎盛。作为一支建立在罗马帝国旧址上的全新文明,法兰克文化深受古罗马文明、日耳曼传统以及基督教三方面影响,呈现出十分独特的态势。

10. Giottodi Bondone 乔托(1267—1337) 意大利文艺复兴初期画家、雕塑家和建筑师。是中世纪最后一位画家,也是新时代第一位画家。他突破中世纪艺术传统,创造了叙事性构图并深入刻画人物心理的绘画风格,被尊奉为意大利现实主义绘画传统的奠基者,近代"欧洲绘画之父",影响意大利长达一个世纪之久。乔托一生主要从事教堂壁画的创作,完成了许多具有生活气息的宗教题材作品。最能显示其艺术风格和成就的作品是著名的意大利巴多瓦阿累那教堂耶稣故事壁画,描绘圣母及基督的生平事迹。其中最著名的四幅是:《金门之会》《逃亡埃及》《犹大之吻》和《哀悼基督》。这些壁画被誉为"14世纪意大利艺术的重要纪念碑",至今保存完好,参观者络绎不绝。这座教堂成为世界重要艺术宝库之一。

11. Innocent III 英诺森三世(1160—1216) 13世纪初著名的意大利籍罗马教皇(1198—1216),曾在巴黎和博洛尼亚攻读神学和教会法,从1198年起担任教皇。他继承了前代诸教皇扩大教廷权力的成果,致力于在整个欧洲建立一个统一的基督教世界教会王国。在任罗马教皇的18年间,他使基督教会发展成为西欧最强大的政治势力,罗马教廷成为西欧封建统治的国际中心,英诺森三世也因此成为全欧洲的万王之王、万主之主。英诺森三世对基督教最大的贡献在于1215年在罗马拉特兰教堂召开的"第四次拉特兰会议",这是中世纪规模最大的教会会议,颁布了圣餐变体说教义和一系列教会改革条规,成为教皇英诺森三世超越其他诸教皇、拥有最高权势的标记。英诺森积极参与政教之争,迫使英国、丹麦、葡萄牙、瑞士等国王称臣;发动第四次十字军东征,攻克拜占庭帝国都城君士坦丁堡;成立修会、组织十字军,讨伐法国南部的阿尔比派,全力清除异端势力和影响,使罗马教廷梦寐以求的世界教会王国初步形成,也使教会势力发展到中世纪的极盛时期。

12. Justinian Code/Corpus Iuris Civilis《查士丁尼法典》 又称《民法大全》或《国法大全》,是东罗马帝国皇帝查士丁尼一世下令编纂的一部12卷的汇编式法典,为罗马法的集大成者,也是世界上第一部完备的奴隶制成文法。该法典包含了自罗马共和时期至查士丁尼为止所有的法律和法学著作,卷帙浩繁,内容丰富,最后完成于公元530年左右。由四部分组成,分别为法典、学说汇编纂、法学阶梯以及新律。该法典奠定了后世法学尤其是大陆法系民法典的基础,是法学研究者研究民法学不可或缺的重要文献资料之一,对以后欧洲各国的法学和法律的发展有着较大的影响。

13. the Middle Ages 中世纪 指欧洲历史上从5世纪罗马帝国瓦解到15世纪文艺复兴之间的时期。另有说法认为中世纪结束于文艺复兴时期和大航海时代。"中世纪"一词是 15 世纪后期的意大利人文主义者比昂多开始使用的。这一时期欧洲历史的主线是封建制度的形成、发展和解体。中世纪又可分为三个阶段：(1)中世纪早期,指 5—11 世纪,当时在欧洲居住的异教徒日耳曼部落接受罗马遗留下来的体制和习俗,并皈依教会为基督教徒,后这些日耳曼部落建立封建王国;(2)中世纪鼎盛时期:12—13 世纪,此时封建诸侯国得以巩固;欧洲通过十字军东征扩大了在世界范围的影响。经院哲学成果丰盛,隐修院也得到极大发展;人口速增,贸易繁荣;(3)中世纪晚期:14—15 世纪,此时的欧洲饱受黑死病(鼠疫)的侵袭和连年战争的蹂躏。宗教上的争论和对立也对应着国家间的冲突以及农民的反抗。在新出现的单一民族国家新型社会与经济组织模式的影响下,封建主义发生变革,预示着欧洲近代史的开端。欧洲人为发现新世界开始首批航行。

14. Muhammad 穆罕默德(约 570—632)　政治家、宗教领袖、穆斯林认可的伊斯兰教先知,广大穆斯林认为他是安拉派遣给人类的最后一位使者。生于阿拉伯半岛上的麦加,并在麦加城开始创立伊斯兰教(610);"伊斯兰"一词在阿拉伯语中原意为"顺从"。穆罕默德宣称,世界上只有一个神——安拉,他是世界的创造者和人的创造者,世界万物,都是按照安拉的意志安排的。公元 616 年宣称自己为先知,《可兰经》为上帝通过天使吉布里勒授予他本人(后其弟子将《可兰经》书写记录下来)。为了逃避迫害,于 622 年前往现在的麦地那,"迁徙"标志着伊斯兰历史的开始。他在麦地那建立了伊斯兰国家(622),并组建武装,以"圣战"的名义与麦加贵族抗衡,征战十年后最终取得了阿拉伯半岛的基本统一,奠定了后来阿拉伯帝国的基础。公元 632 年,他亲率多达 9 万穆斯林从麦地那赴麦加朝觐(史称"辞别朝觐")。同年 6 月 8 日,穆罕默德在麦地那与世长辞,享年 63 岁。根据其生前的遗嘱,遗体安葬在他去世的卧房。今天的穆罕默德陵墓是由沙特阿拉伯政府出资于 20 世纪中叶重建的,位于麦地那圣寺一角。

15. National State 民族国家　民族国家最早出现于西欧,是欧洲国家形态演进的产物。欧洲民族国家的概念可以追溯到西罗马帝国灭亡后取而代之的蛮族统治区。回顾欧洲历史可以看到:最早出现的普遍性的国家形态是古希腊的城邦国家。城邦国家衰落后,取而代之的国家形态是罗马帝国。罗马灭亡之后,在西欧的广阔空间中形成了以封建割据为基础的统一的基督教世界,普世世界国家成为中世纪占统治地位的国家形态。随着资本主义经济在西欧的萌芽和逐步发展,以王朝名义命名的政治共同体逐步获得了独立性和主权,王朝国家最终取代了基督教普世世界国家,并成为西欧民族国家构建的历史前提。民族国家这种国家形态出现以后,由于实现了国家与民族的统一,两者相得益彰,相互促进,不仅深刻地影响着西欧,而且迅速扩展到全世界。民族国家与民族国家出现前的国家有一系列不同的特征,民族国家有确定的领土疆域,统一的国内市场和国民经济,全民族通用的语言和国民的文化认同。民族国家的全体公民构成民族共同体,共同享有国际法意义上的独立主权。只有在具备了这些条件的情况下,才标志着一个民族国家的形成。西罗马帝国灭亡以后,日耳曼民族建立了很多国家,如法兰克王国,这个国家后来发展成为查理曼帝国,后分裂为三个国家,成为法兰西、德意志和意大利的雏形,它们与同时出现的英吉利王国一起,成为欧洲早期的主要封建国家。

16. **Norman 诺曼人** 又称维京人。Norman 一词源于古法语,意即北方人,指来自丹麦、挪威及冰岛、定居在法国北部(或法兰克王国)的维京人及其后裔。有些史学家也把"维京"称作"海盗"。911年法兰克国王查理三世将刚刚修建的诺曼底(意为北方人的土地)赐给他们的首领罗洛,希望他们能够保卫这一西北战略要冲。罗洛和他的部下就是最早的诺曼人。他们建立了诺曼底公国,接受了法语、基督教和法国的政治制度,融入了法国文化和社会。11世纪成为西欧封建制度高度发展的国家之一。

17. **Norman Conquest 诺曼征服** 1066年以法国诺曼底公爵威廉(约1028—1087)为首的法国封建主对英格兰的军事征服。1066年1月,英格兰国王"忏悔者"爱德华去世,由于无子嗣,引发王位继承问题。爱德华的表亲、诺曼底公爵威廉与王后之兄、韦塞克斯伯爵哈罗德二世皆声称有王位继承权。英国贤人会议因威廉是私生子而予以否决,他们推举哈罗德继承王位。这样就给威廉入侵英国以借口。9月28日,诺曼底公爵威廉率领六千余人的军队乘坐500余艘船横渡英吉利海峡,于当日早上9时未遇任何抵抗便在英国西南部的佩文西湾登陆。10月14日,威廉的军队在黑斯廷斯会战中击败英国国王哈罗德,随后占领伦敦,并于圣诞节在伦敦威斯敏斯特教堂加冕为英国国王,即威廉一世,后获得"征服者"的称号,诺曼王朝(1066—1154)从此开始了对英国的统治。诺曼征服对于英国历史发展的影响深远。最直接的影响便是加速了英国封建化的进程。威廉建立的、他的后继人所保持的强大中央政府使英国从未再遭侵略。英国的教会与罗马教会的联系变得更为密切。在文化方面,英国当时的文化与诺曼—法国文化得以水乳交融;大量的新词进入英语,促进了古英语向中古英语的转变,使得英国语言得到了长足发展。威廉一世之后,英国的每一个国王都是他的直系后代子孙。英国开始了世袭的君主制度。

18. **Otto I (the Great) 奥托一世**(912—973) 德意志国王(936—973),神圣罗马帝国首任皇帝(962—973),史称奥托大帝。奥托于公元936年即位后,积极打击封建割据势力,维护王室的中央集权,并不断对外进行军事征服,成为当时欧洲大陆最有实力的国王。951年首次入侵意大利,征服伦巴第(整个意大利北部应用"伦巴第"这一名称至15世纪),自称意大利国王(或伦巴第国王),并与意大利统治者洛泰尔的遗孀阿德莱德结婚。955年在奥格斯堡战役中击败长期侵扰德意志的马扎尔人(即匈牙利人),使之转向定居生活,建立起匈牙利国家。自此之后,奥托的威望如日中天,统治更为巩固。961年再次进军意大利,将教皇握于掌中,并成功加冕为神圣罗马帝国皇帝(962)。他的王冠是世界上现存最古老的王冠,形状酷似今天自由女神像的神冠,被形容为"四周镶满太阳光芒的花冠",现存于维也纳的霍夫堡皇宫内。962年和教皇缔结"奥托特权协定",授予教会著名的奥托特权,确定了教皇的世俗权力,并开启了皇帝决定教皇人选的

第四单元 中世纪与现代欧洲的崛起

先例,初步使皇权居于教权之上,后一再操纵教皇的废立。966 年至 972 年,奥托一世一直为意大利问题与拜占庭帝国处于战争状态。972 年,拜占庭帝国皇帝约翰一世最终承认了奥托的西帝国皇帝头衔。973 年奥托一世在王权无比强大的气氛中去世,享年 60 岁。

19. the Roman Empire 罗马帝国 指公元前 27 年到公元 476 年的罗马奴隶制国家。286 年,罗马帝国被分为两个部分。在经历了漫长的过程之后,公元 395 年,罗马帝国分裂为东、西罗马帝国。位处西部的帝国被称为西罗马帝国,东部的帝国被称为东罗马帝国或拜占庭帝国。476 年 9 月 4 日,西罗马帝国皇帝罗慕路·奥古斯都被迫退位,480 年皇帝尼波斯死亡,西罗马帝国正式灭亡。由于罗马帝国的重大影响,所以西罗马帝国的衰落一般也被认为是古代欧洲的终结,欧洲自此进入了中古时代。1453 年 5 月 29 日,奥斯曼帝国苏丹穆罕默德二世率军攻入君士坦丁堡(现已更名为伊斯坦布尔),东罗马帝国正式灭亡。

20. University 大学 一词源于拉丁文 Uni-versitas,意为"组合""或""联合",即学生组织之间或学生组织与教师组织之间的联合团体。11 世纪,西欧封建制度已经确立,城市的兴起、贸易的往来促进了欧洲文化的发展,原有的僧院学校和大主教学校已无法满足社会发展的需要,于是,便出现了中世纪的大学。起初在某些城市,学生按籍贯组成"同乡会"(nation),教师按所教的学科组成行会性质的"教授会"(facultas)。这些学生团体和教师团体结合成学习和研究的"组合"(universitas),这些"组合"就成为最早的大学。史学家们认为:中世纪大学最早出现在 12 世纪的法国巴黎和意大利北部的博洛尼亚,代表了中世纪大学组织的两种形式。巴黎大学称为"教师型大学",大学的管理由教师行会负责,学生相当于商业领域中的学徒。欧洲北部的大学,如英格兰、苏格兰、德国、瑞典和丹麦等地的大学,多属此种类型。博洛尼亚大学称为"学生型大学",由学生主管校务。教授的选聘、学费的数额、学期的时限和授课的时数等均由学生决定。但丁、伽利略、哥白尼等都曾在这里学习或执教。欧洲南部的大学,如意大利、法国(巴黎除外)、西班牙、葡萄牙等地的大学多属此种类型。中世纪晚期的一些大学发展成为混合型的机构,介于巴黎大学和博洛尼亚大学这两种模式之间。

21. the Wars of the Roses 红白玫瑰战争 1455—1485 年英国兰开斯特家族(House of Lancaster)和约克家族(House of York)之间的爆发的内战。这两个家族都是金雀花王朝(Plantagenet)皇族分支,英王爱德华三世儿子的后裔,他们为争夺王位继承权进行了长达 30 多年的自相残杀。最终兰开斯特家族的亨利·都铎击败约克王朝最后一任国王理查三世,结束了玫瑰战争,登上英国王位,称亨利七世,建立都铎王朝。作家沃尔特·司各特于 19 世纪给这场战争命名为玫瑰战争,来源于两个皇族所选的族徽:兰开斯特的红玫瑰和约克的白玫瑰。这场旷日持久的战争导致了大批封建旧贵族在互相残杀中或阵亡或被处决,贵族封建力量大为削弱;而新兴贵族和资产阶级的力量在战争中迅速增长,成为都铎王朝新建立的君主专制政体的支柱。

第五单元

文艺复兴与宗教改革

课前导读

在学习本单元内容前，请思考以下问题：

- 你对文艺复兴、人文主义和宗教改革了解多少？
- 你对亨利八世和他的婚姻了解多少？

文化概览

文艺复兴

"Renaissance"一词在法语中的意思是"复兴",它是近代早期深刻影响了欧洲知识界的一场文化运动。该运动14世纪始于意大利,至16世纪蔓延至欧洲其他国家。其影响力见之于文学、哲学、艺术、音乐、政治、科学、宗教及其他理性研究方面。这段时期内,人们重燃了对古希腊罗马时代的兴趣并开始大量学习研究当时的作品。

然而文艺复兴并不仅仅是一次"复兴",它还是一个孕育了新发现的时代,不仅包括地理新发现(比如探索新世界),还包括知识新发现。这两方面的发现都使西方文明产生了极为重大的变革。例如,在科学领域,哥白尼试图证明太阳而非地球是宇宙的中心,此举彻底地改变了主宰古代和中世纪的宇宙世界观。在宗教领域,马丁·路德向统领中世纪欧洲的主要机构之一——教会发出了挑战,并最终导致其分裂。实际上,文艺复兴时期的思想家们常认为自己迎来了一个与古代和中世纪截然不同的现代时期。

人文主义开始重新强调现世的生活,而不是中世纪所专注的超世俗生活。文艺复兴时期的人文主义者强调人的尊严,重视充满更多可能性的现世生活。在复兴古希腊和古罗马历史、哲学和艺术的同时,与中世纪基督教所提倡禁欲的人的形象相比,文艺复兴时期的人文主义者塑造了一个更加正面、充满希望的"人"的形象。人不再是在腐化堕落的深渊中等待救赎的悲惨罪人,而是具有无限的可能性。

在文艺复兴本身所使用的表达方式中,人文主义代表了从"宗教冥想的生活"到"积极的生活"的转变。中世纪时期,沉思冥想、献身宗教和远离尘世的生活为人们所看重。而在文艺复兴时期,最高的文化价值则通常与积极参与公共生活,投身道德、政治和军事行动,以及为国家服务相关。当然,传统宗教价值观与新的世俗价值观得以共存。事实上,一些最重要的人文主义者,如德西德里乌斯·伊拉斯谟就是教会人士。同样,个人成就、广博的知识面和个人抱负(在浮士德博士身上表露无遗)也受到推崇。"文艺复兴时期人"的概念指除了能积极参与公共事务,还掌握多学科领域知识和技能的个人。这样的人物包括莱昂纳多·达·芬奇、约翰·弥尔顿和弗朗西斯·培根,后者曾经宣布:"我把所有知识都当成我学习的领域。"

弗朗西斯克·彼特拉克于1304年出生在佛罗伦萨附近,他被视为第一位伟大的人

第五单元 文艺复兴与宗教改革

文主义者。他在意大利长大，但到处旅游搜集古籍。他的学说以城市为重点，此外他重视日常生活体验，如爬山或旅行。彼特拉克在两个世界间游弋，一个是理想的古希腊罗马世界，一个是他试图改造的当前世界。他相信通过学习古典文学，能够将世界变得更美好。他和其他的人文主义者一样，欣赏古典文学作品的形式美。他试图通过学习这些作品来分享其中的教义，然后在自己的拉丁文作品中模仿这种形式。

彼特拉克促成了一种全新的世界观：一种对俗世生活的热情和对知识的渴求。这种态度传播开来，寻找遗失作品的力度加大，流通中的书籍数目增加，相应地，受古典思想影响的人也越来越多。另一个主要结果是手稿买卖的重新兴起和公共图书馆的建立，使广泛阅读得到进一步保证。接着印刷技术的运用使得阅读量的暴增和文本的传播成为可能。

(Based on http://www.answers.com/topic/humanism
http://academic.brooklyn.cuny.edu/english/melani/cs6/ren.html
http://europeanhistory.about.com/od/therenaissance/a/renaissance101_2.htm
http://www.all-about-renaissance-faires.com/renaissance_info/renaissance_and_humanism.htm)

宗教改革

宗教改革是16世纪发生在罗马天主教会的宗教革命运动。它不是一个单一的运动，而是一系列起因和结果各不相同的运动。这些运动的共同之处就是向中世纪晚期教皇制度和宗教体系发起挑战。这场改革分裂了中世纪基督教世界，形成了新教教会和改良的天主教会。宗教改革者的目标是要争取修正中世纪教会的错误与弊端，修正要求一切服从于圣经和早期教会的惯例。这场改革最初是一场宗教运动，但很快演变成对政治、社会和经济压迫的反抗运动。宗教改革像所有变革一样，具有持续性，但同时也具备足够的突变性、间断性和爆发性，这使得宗教改革成为基督教和欧洲历史的转折点。

宗教改革前的罗马天主教会

16世纪初期，西欧和中欧信奉以教皇为首的罗马天主教。虽然宗教渗透到了每个欧洲人的生活当中，但人们对教会许多方面普遍存有不满：比如人浮于事的官僚主义、显而易见的傲慢、贪婪和权力的滥用。人们达成广泛共识，认为需要对宗教进行改革，将其恢复到一种更加纯洁、更加准确的形式。虽然宗教改革已是必然之势，但对于具体如何实行仍然众说纷纭。

上至教皇,下至神父,都在试图进行改革运动。但每次抨击往往只针对某一个方面,而非整个教会,这种局部的改革只能获取局部的胜利。也许改革的主要障碍在于人们认为教会仍然是提供救赎的唯一途径。要想实现大规模的变革,就需要一位神学家提出论据使人们相信他们不需要既成的教会来拯救。这样之前忠实的信仰者们就不会跳出来阻挠这次改革了。于是,马丁路德应运而生,迎接挑战。

马丁·路德和德国宗教改革

马丁·路德(1483—1546)是德国宗教改革家,维滕堡大学的神学教授。他对教会出售赎罪券的举动大为不满,于是写出著名的《九十五条论纲》反对此举。他将这篇论纲私下寄给自己的朋友和反对者,并且还将其张贴在维滕堡城堡教堂大门之上。这在当时是一个激起论战的常见做法。从此,马丁·路德张贴《九十五条论纲》的日子——1517年10月31日,被认为是宗教改革开始的纪念日,而10月31日则作为宗教改革日。大量售卖赎罪券的多明我会会士要求对马丁·路德实行制裁。教廷进行审判随后宣判路德有罪,与此同时路德写出了大量的檄文,借助于《圣经》挑战现存的教皇权威,反思整个教会。

路德的理念和亲自传道的方式很快传播开来,有些人是因为相信他的观念,还有些人则是纯粹出于欣赏他对抗教会的勇气。德国各地许多思维敏锐、富于才华的牧师接受了这些新观念,并迅速将其传授、充实,速度之快,效果之成功,让教会难以招架。以往从未有过如此众多的神职人员转而信仰一全新的宗教教义,向传统宗教发起挑战并逐渐摈弃了其中的主要成分。路德之后不久,瑞士牧师慈运理有了相似的观念,进而开始了在瑞士的宗教改革。

改革变化小结

灵魂并不是通过不断赎罪和忏悔而得到拯救,而是通过信仰、学习和上帝的恩惠获得救赎。

《圣经》是唯一的权威,用本国语言教授。路德将《圣经》翻译成德文(而非拉丁文),使得普通人也能够阅读,这对教会和德国文化都有深远的影响。

一种崭新的教会结构得以建立:一群信徒,围绕一个牧师,不需要中央教阶制。

简言之,那个繁琐、奢靡、制度森严、牧师经常心不在焉的教会被以简单的祷告、礼拜和地方性的布道为特点的新教所取代。新教在普通民众和神职人员心中都能引起共鸣。

改革之后

尽管一些旧的教政和教皇仍抱有幻想并采取了一些遏制措施,新教的地位还是在欧洲永久地确立了下来。由于在原有的宗教体系上添加了一个完全崭新的宗教分支,人们也找到了新的宗教和社会政治信仰,在个人和精神层面都受到深刻影响。宗教改革产生的结果和麻烦一直延续至今。

(Based on http://europeanhistory.about.com/od/reformation/p/ovreformation.htm)

亨利八世和他的六个妻子

亨利·都铎是英格兰的亨利七世和约克的伊丽莎白王后之子。他于1491年6月28日出生在皇家圣殿格林尼治宫。兄长亚瑟去世之后,他成为了亨利八世。他一生中结过六次婚,将两任妻子斩首,此外他也是英国宗教改革的主要发起者。

亨利十七岁时迎娶了寡嫂凯瑟琳。她来自阿拉贡,是西班牙的公主。1516年2月18日,凯瑟琳王后为亨利生下了第一个未夭折的孩子玛丽公主。亨利因久未得子而感到灰心丧气,进而找了两个招之即来的情人。他的情妇中有一个叫玛丽·博林,她将自己的妹妹安妮·博林介绍给了亨利八世,之后他们便开始秘密约会。最后亨利想办法正式废除了和凯瑟琳的婚姻。

1533年,安妮·博林怀有身孕。亨利八世于1533年1月秘密和她结婚,同年8月安妮诞下一名女婴伊丽莎白。在皇宫内,安妮王后因为无法诞下男性继承人而饱受折磨。在她两次流产以后,亨利开始对安妮的女侍官简·西摩尔产生兴趣。亨利为了结束这段无果的婚姻无所不用其极,他精心编造了一个故事宣称安妮与他人通奸、乱伦,还意图谋杀自己。亨利指控三名男子与他的妻子通奸,接着在1536年5月15日,对她进行审讯。安妮以高贵冷静的姿态否认了所有的指控。四天之后,亨利和安妮的婚姻被废除并被宣告无效。此后,安妮·博林被带到格林塔,在那里她被秘密斩首。安妮行刑还不到一天,简·西摩尔和亨利八世便正式成婚。

1537年10月,简·西摩尔为亨利诞下了他期盼已久的儿子。整个生产过程十分困难。这个叫爱德华的男婴在10月15日接受洗礼,九天之后简便因为产后感染去世。亨利将简视为自己唯一"真正"的妻子。在她死后,亨利八世和整个王宫长时间为她哀悼。

三年之后,亨利准备再次结婚,主要是为了保证王位后继有人。他询问在外国王室中是否有合适的人选,有人推荐了克里维斯公爵的妹妹安妮公主。亨利八世的御用画师,德国的小汉斯·荷尔拜因被派往克里维斯为安妮画像。亨利看到安妮本人后非常不满意,结婚仅六个月后便与她离婚。安妮被授予"国王爱妹"的称号,赐予希弗城堡作为宽敞的住所。

几个星期以后,亨利娶了非常年轻的凯瑟琳·霍华德,她是安妮·博林最年长的表妹。49岁的亨利和19岁的凯瑟琳起初是快乐的一对。这时的亨利经受着体重剧增和腿部伤口溃烂的折磨。他的新妻子燃起了他对生活的热情,于是他赐予她奢华的礼物作为回报。作为一个漂亮的女人,安妮开始寻求同龄男子的注意,这对英格兰王后来说是极为危险的举动。亨利对她的所作所为进行了调查,认为她犯了通奸罪。1542年2月13日,她在格林塔被斩首。

独立自主又受过良好教育的凯瑟琳·帕尔是亨利第六个也是最后一个妻子。她的母亲是亨利第一个妻子阿拉贡的凯瑟琳身边的女侍官莫德·格林。莫德以王后的名字为自己的女儿命名;因此亨利的第一个妻子和最后一个妻子同名。帕尔是结过两次婚的寡妇。他们在1543年成婚。史料记载最丰富的就是凯瑟琳·帕尔极力禁书的事件。在她丈夫当政时期,这是个极其可怕的行为,让她几乎被捕。当亨利前去警告她这种自以为是的行为时,凯瑟琳屈服了,说自己不过是想找个机会让亨利教她恰当行事而已。亨利接受了凯瑟琳的解释,不管她的说法是真的还是编造的,这都使她免于残酷的结局。

1547年1月28日,五十五岁的英格兰国王亨利八世去世。他被埋葬在温莎堡的圣乔治教堂,与第三任妻子简·西摩尔合葬在一处。亨利唯一幸存的儿子爱德华继承了王位,成为了爱德华六世。玛丽公主和伊丽莎白公主是顺位继承人。

(Based on http://www.biography.com/people/henry-viii-9335322)

文化背景知识

1. Anne of Cleves 克利维斯的安妮（1515—1557） 亨利八世的第四任妻子（1540），婚后六个月即解除婚姻（1540），没有子女。她是德国克利维斯公爵之女，童年时代未接受多少正规教育，只会用德文读写，但品性温和，针线活很在行。因为克里维斯家族是英格兰的潜在同盟，亨利八世的掌玺大臣托马斯·克伦威尔极力推选安妮为新王后人选。著名画家小汉斯·荷尔拜因此被亨利八世派遣至克里维斯为安妮画像。但见到本人后亨利非常失望，他觉得自己被画像和那些赞扬安妮美貌的人误导了。两人的婚姻勉强维持半年后，亨利八世以夫妻二人从未圆房以及安妮曾与洛林的弗朗西斯订立婚约为理由，正式宣布与其婚姻无效。出于对安妮合作态度的感激，亨利赐予她相当丰厚的财富和地产，包括里士满宫和希弗城堡——被斩首的前王后安妮·博林的住宅。亨利和安妮成为了非常要好的朋友，安妮更成为了荣誉王室成员——她被称为是"国王的散文家、爱妹"。

2. Bacon, Francis 弗朗西斯·培根（1561—1626） 英国文艺复兴时期最重要的唯物主义哲学家、思想家和散文家，在哲学、文学和自然科学领域都颇有建树，被誉为"法律之舌"、"科学之光"。培根一生著述颇丰，主要著作有《学术的进步》（1605）、《新工具》（1620）、《培根随笔》（1597）等。《新工具》是培根最重要的哲学著作，是欧洲近代哲学史上第一部系统批判中世纪经院哲学、探讨科学认知方法的不朽著作，奠定了近代归纳逻辑的基础，开近代唯物主义经验论之先河。培根在文学方面的代表作《培根随笔》是英国随笔的开山之作，内容涉及政治、经济、宗教、爱情、婚姻、友谊、艺术、教育和伦理等各个方面，文笔优美，警句迭出，蕴含着培根的思想精华，在世界文学史上占据重要一席。培根还曾享有成功的法律和政治生涯，尤其是在詹姆士一世接替伊丽莎白掌权之后，曾历任宫廷要职，先后受命担任首席检察官、掌玺大臣、上议院大法官等，并多次接受贵族封号，但1621年被控受贿，经判决，免除一切官职。后培根脱离政治生涯，潜心从事著述。1626年冬天，培根因在露天试验雪对肉类的防腐作用时感染肺炎而死，这使他成为历史上极少数死于自己实验的科学家。

3. Boleyn, Anne 安妮·博林（1507?—1536） 亨利八世的第二任妻子（1533—1536），伊丽莎白一世之母，被斩首处死。安妮·博林的父亲曾担任英国驻法公使，所以她在法国长大并受教育，颇具文化艺术修养，精通多门语言，深谙法国宫廷之道，回到英国后更是被视为时尚的代言人。1522年安妮·博林入宫成为亨利八世第一任妻子凯瑟琳的女侍官，后来亨利八世迷恋上安妮·博林，废除了同未生育男性子嗣的凯瑟琳的婚姻并与之结婚。这一过程中发生的一系列事件导致了他同罗马天主教廷的决裂并最终引发英国宗教改革。1530年亨利八世将凯瑟琳驱逐出宫廷,她在宫中的地位遂被安妮·博林取代。安妮大力支持国王在全国推广新教,压制天主教势力;她充分运用个人与第二故乡法国的联系,竭力推动英法结盟共同对抗西班牙。安妮在1533年1月与亨利八世秘密结婚,此时她已怀孕。5月被宣布为合法妻子。8月生下女儿伊丽莎白,即后来的英王伊丽莎白一世。后安妮虽曾多次怀孕,但均告流产,一直未能成功诞下都铎王朝的男性继承人,这令亨利八世彻底绝望。此时亨利八世已看上了她的女侍官简·西摩尔,他宣称与安妮的婚姻受到上天的诅咒。1536年5月安妮·博林被捕入狱,关进伦敦塔中的格林塔,以通奸、叛国(王后通奸就是叛国)和乱伦罪被斩首。成为了英国历史上第一个被处决的王后。死后她身首分家的尸体被埋在圣彼得小教堂里。

4. **Catherine of Aragon 阿拉贡的凯瑟琳**(1485—1536) 亨利八世的第一任妻子(1509—1533),曾是他的嫂子,玛丽一世之母。凯瑟琳出身西班牙王室,各个方面都体现出了作为一个严格的、强大的天主教国家公主的风范。曾出任西班牙驻英大使,是欧洲历史上的第一名女性大使。她还是文艺复兴时期人文主义的支持者,威廉·莎士比亚形容她为"王后中的女王"。凯瑟琳一生经历两次婚姻,但两段婚姻均被取消。她先于1501年嫁给亨利七世的长子亚瑟王子,第一任丈夫于次年去世。14个月后,18岁的凯瑟琳与他的小叔、当时只有12岁的亨利订婚。1509年亨利继承王位后与凯瑟琳结婚,在西敏寺加冕,再次正式成为英格兰王后。凯瑟琳王后和亨利八世的婚姻维持了24年,深得英格兰国民的爱戴。亨利八世自从继位后便一直想要能够继承王位的儿子,但凯瑟琳王后的六个孩子除了女儿玛丽公主之外全数早夭,亨利八世因此试图废除他们的婚姻,由此引发了一系列导致英格兰与罗马教廷决裂的活动,英国成为一个新教国家,亨利八世获得了"英格兰教会最高首脑"称号。凯瑟琳拒绝承认亨利八世为英国教会的最高领袖,并将自己视作亨利八世的合法妻子和王后直到被囚禁致死。

5. **Catholicism 天主教** 是与东正教、新教并列的基督教三大派别之一。中世纪时,天主教主要分布在欧洲西部,东正教主要在拜占庭帝国和欧洲东部,新教则是宗教改革之后从天主教分离出来的新派别,都以《圣经》为经典。天主教以梵蒂冈教廷为自己的组织中心,以教皇为最高领导。天主教的《圣经》有73卷,其中《旧约》46卷,《新约》27卷。天主教信奉天主和耶稣基督,并尊玛利亚为圣母。天主教堂中一般有圣母、耶稣、圣徒等塑像。天主教教职人员均为男性。主教、神甫、修士、修女必须独身。天主教不主张信徒离婚。天主教主要节日有复活节、圣诞节、圣神降临节、圣母升天节等四大瞻礼。教徒在天主教节日和星期日到教堂做弥撒。截止2010年,全球天主教徒超过12亿。天主教占主导的国家有:意大利、法国、比利时、卢森堡、奥地利、爱尔兰、波兰、捷克、匈牙利、斯洛伐克、立陶宛、克罗地亚、斯洛文尼亚、西班牙、葡萄牙、列支敦士登、摩纳哥、圣马力诺、马耳他、安道尔。目前中国天主教地上教会公开的最高组织是中国天主教爱国会、中

第五单元 文艺复兴与宗教改革

国天主教主教团,即中国天主教的"一会一团"。

6. **Copernicus, Nicolaus 尼古拉·哥白尼**(1473—1543)　波兰天文学家、数学家、现代天文学的创始人。曾在博洛尼亚大学和帕多瓦大学攻读法律、医学和神学,后来在费拉拉大学获宗教法博士学位。创立太阳是宇宙中心的日心说,推翻了古希腊大天文学家托勒密的地心说,颠覆了教会的宇宙观,使自然科学开始从神学中解放出来,这在近代科学的发展上具有划时代的意义。哥白尼著有长达6卷的巨著《天体运行论》,这被认为是现代天文学起点。1543年5月24日病逝,遗骨于2010年5月22日在波兰弗龙堡大教堂重新下葬。

7. **Doctor Faustus 浮士德博士**　出自《浮士德博士的悲剧》(*The Tragical History of Doctor Faustus*),是英国剧作家克里斯托弗·马洛1588年根据德国民间故事改编的戏剧作品。浮士德是一位伟大的学者,渴求各领域的知识。他对中世纪一成不变的学科深感厌烦,开始转向一种黑色魔法。通过咒语他结识了梅菲斯特,即魔鬼的仆从。浮士德为了得到权利、知识和享乐,把灵魂卖给魔鬼。在魔鬼的帮助下,他尽情施展魔法,与此同时,他也经历了内心的矛盾与斗争。魔鬼供他驱使24年后,他的灵魂被魔鬼劫往地狱。

8. **Dominican 多明我会会士**　多明我会是与方济各会、耶稣会相并列的天主教三大主要修会之一,由西班牙天主教修士圣·多明我(St. Dominic,1170?—1221)1215年在法国图卢兹创立,又称布道兄弟会,1220年起称托钵修会,1217年获教皇批准在罗马设总会。该会成立后其成员很快遍及西班牙、英国、法国、意大利、德国、波兰、匈牙利等欧洲各地,在西班牙的势力尤为庞大,成为中世纪以来对欧洲社会产生重要影响的一个主要天主教修会组织。由于会士均披黑色斗篷,故称为"黑衣修士"。标榜提倡学术,传播经院哲学,奖励学术研究。当时在欧洲的许多大学里,都有该会会士任教。建会不久就受教皇委派,主持异端裁判所,残酷迫害异端教派、进步思想家和科学家。明崇祯四年(1631)开始,渗入我国台湾、福建等地活动。18世纪后趋于衰弱。多明我会强调圣母玛利亚亲授之《玫瑰经》,并加以推广,现今已是天主教徒最普遍传诵之经文。

9. **Edward VI 爱德华六世**(1537—1553)　都铎王朝第三任君主(1547—1553),英格兰与爱尔兰国王。亨利八世和简·西摩尔之子,也是英格兰首位信奉新教的统治者。爱德华六世于1547年1月28日即位,年仅九岁,由于年龄尚小,由舅父爱德华·西摩尔公爵摄政;后诺森伯兰公爵约翰·达德利推翻西摩尔公爵,继而把持朝政。爱德华六世坚持其父亲的英国国教政策。首度将新教定为英格兰国教,废除弥撒和神职人员的独身制度,并在英格兰实施义务兵役。爱德华体弱多病,由于并无任何子嗣,在得知自己的生命已到末期后,与议会拟定了"继承案",试图阻止国家再度落入天主教势力。爱德华任命他的表亲,亨利七世的曾外孙女简·格雷为王位继承人,将他同父异母的姐姐玛丽和伊丽莎白都排除在外,然而此举引发极大争议。1553年7月6日,患肺结核的爱德华六世在昏迷中去世,后葬于亨利七世礼拜堂。简·格蕾在爱德华逝后登基,不过九天便被玛丽(即玛丽一世)推翻,并被幽禁在伦敦塔,后被秘密处决。爱德华六世虽然在位时间很短,但他对近代英国的影响很大,基本上完成了英国的宗教改革,巩固了亨利八世所建立的英国圣公会,为以后伊丽莎白一世的宗教改革铺平了道路。

10. Elizabeth Ⅰ 伊丽莎白一世(1533—1603) 都铎王朝最后一位君主,英格兰与爱尔兰女王(1558—1603),亨利八世和王后安妮·博林唯一幸存的孩子。伊丽莎白出生时被指定为王位继承人,在古典文学、历史、数学、诗歌和语言等方面都接受了很好的教育,具有较高素养。她可以熟练地使用六种语言,对神学和文学也有相当高的造诣。随着安妮·博林和亨利八世的婚姻被宣布为无效,伊丽莎白由一名王位继承人沦落为"私生女"。在她信奉罗马天主教的同父异母姐姐玛丽当政时期,她对基督教新教的同情使她受到怀疑,过着与世隔绝的生活。直到玛丽死后她自己成为女王才返回伦敦。当时英格兰正处于宗教分裂的混乱状态中,但她凭借自己顽强的意志、杰出的才能和稳妥的策略,使英格兰通过了宗教改革这一"瓶颈",避免了像法、德那样爆发大规模宗教战争,成功地维持了英格兰的统一。在她当政期间,恢复新教地位、鼓励海上贸易和探险、加强海军力量,击败西班牙无敌舰队(1588),英国的国力日渐强盛,开始跨入海上强国的行列;并在北美洲建立了殖民地,开创了英国历史的"黄金时代"。英格兰文化也在此期间达到了一个顶峰,涌现出了诸如莎士比亚、弗朗西斯·培根这样的著名人物。伊丽莎白一世在世时就以"童贞女王"("The Virgin Queen")著称,终生未婚。1603年3月女王病倒,并失去了语言能力。临终前,她用手势向议员传达了她的遗嘱:苏格兰国王詹姆斯为英格兰王位继承人。3月23日,女王去世,身边的人默默地从她手上取下了那枚象征嫁给英国的结婚戒指。都铎王朝为斯图亚特王朝取代。

11. Erasmus, Desiderius 德西德里乌斯·伊拉斯谟(1469?—1536) 中世纪尼德兰(今荷兰、比利时、卢森堡以及法国东北部的一些地区)最著名的人文主义思想家和神学家、欧洲北方文艺复兴运动中的重要人物(北方文艺复兴指阿尔卑斯山北部欧洲的文艺复兴,包括德国、法国、英格兰、尼德兰、波兰的文艺复兴等,比意大利文艺复兴开始迟,具有不同特点)。伊拉斯谟学问丰富,通晓古典文学和圣经,机智而笔锋锐利。欧洲各国的君王都聘请他为顾问,历任教皇都请教其对时事的意见。他还首次编订附拉丁文译文的希腊文版《新约圣经》,著有文学史上最为精彩的讽刺体篇章《愚人颂》,主要内容包括对当时知识界和教会的抨击,对"愚人"的宗教虔诚与纯朴道德的歌颂。

12. Henry Ⅷ 亨利八世(1491—1547) 都铎王朝第二任君主(1509—1547),英格兰与爱尔兰国王,亨利七世与约克家族伊丽莎白王后的次子。亨利自幼受到良好教育,通晓六门语言,写了两本书,并且还会写诗作曲,擅长马术;身材魁梧,能文能武。1509年4月21日,亨利七世去世。同年6月11日,亨利和与他早逝的长兄亚瑟的遗孀、西班牙阿拉贡的凯瑟琳公主结婚,13天后,在威斯敏斯特大教堂加冕登基,是为亨利八世。在位期间,创建了英国皇家海军,同神圣罗马帝国结盟,向法国宣战。把威尔士并入英格兰。1532年以后,同教皇决裂,并与凯瑟琳离婚;推行宗教改革,宣布自己为英格兰最高宗教领袖,解散隐修院,将其巨额土地财产收归王室,建立了由国家政权控制的、以国王为最高统治者的英国国教会,使英国王室的权力达到顶峰,最终使英国成为统一集权的近代民族国家,为资本主义进一步发展创造了有利条件。亨利八世曾有六次婚姻,其中有两个妻子被其下令斩首。晚年体重超重,多疑易怒,于1547年1月28日病逝,埋葬在温莎堡的圣乔治教堂,与第三任妻子简·西摩尔合葬。他唯一的合法儿子爱德华六世根据第三部《王位继承法》,继承其王位。

13. Howard,Catherine 凯瑟琳·霍华德(1520?—1542) 亨利八世的第五任妻子(1540—1542),亨利八世第二任妻子安妮·博林的表妹,第四任妻子克里维斯的安妮的女侍官。她凭借自己傲人的美貌和青春活泼的性格很快便赢得了亨利八世的爱慕。1540年7月亨利八世与克里维斯的安妮离婚后,凯瑟琳在当月即成为王后。但尽管拥有了财富和权力,凯瑟琳很快发现婚姻生活毫无趣味,丈夫臃肿的身形和溃烂的大腿令她厌烦不已。她开始与朝臣托马斯·卡尔佩珀私下约会。她还将两个旧情人亨利·曼诺克斯和弗兰西斯·迪勒姆带入宫中,分别聘为宫廷音乐家和私人秘书,关系暧昧。1541年末坎特伯雷大主教、亨利的亲信托马斯·克兰麦指控凯瑟琳与他人有染,随后的调查发现了确凿的证据,凯瑟琳随即被捕,褫夺了王后头衔;1542年2月1日以通奸罪在伦敦塔被斩首。尸体埋葬在伦敦塔附近的圣彼得小教堂,她的表姐安妮·博林也葬在那里。

14. Humanism 人文主义 文艺复兴的核心思想,是新兴资产阶级反封建反教会斗争中形成的一种思想体系,即主张一切以人为本。人文主义的基本倾向是提倡"人道"以反对"神道",提倡人权以反对君权,提倡个性解放以反对中世纪的宗教桎梏及其一切残余;追求自由平等,反对等级观念;崇尚理性,反对蒙昧。

15. Kingdom of Aragon 阿拉贡王国(1035—1837) 11至15世纪时欧洲西南角伊比利亚半岛东北部阿拉贡地区的封建王国,1035年建立,因发源于西班牙韦斯卡省境内阿拉贡河而得名。1469年王子斐迪南二世同卡斯蒂利亚王国王位继承人伊莎贝拉一世结婚。1479年阿拉贡王国同卡斯蒂利亚王国合并,为西班牙成为一个统一的国家奠定了基础。1516年卡斯蒂利亚女王疯女胡安娜和王夫菲利普一世的儿子神圣罗马帝国皇帝查理五世(西班牙文名:卡洛斯一世)继承卡斯蒂利亚、莱昂、阿拉贡、纳瓦尔等国的王位,建立了欧洲最早的统一中央王权的共主联邦的国家。1837年伊莎贝拉二世女王在通过君主立宪的法案之后将其正式合并为一个国家,决定用"西班牙"一词(腓尼基语,意为"野兔")命名,自此结束了历经300多年的共主联邦模式。

16. Luther,Martin 马丁·路德(1483—1546) 德国人,16世纪欧洲宗教改革运

动发起者,基督教新教路德宗创始人。马丁·路德大学毕业以后进入雷尔福特圣奥古斯丁修道院当修士,1508 年成为德意志维滕堡大学的神学教授。1517 年发布《九十五条论纲》,抨击教廷发售赎罪券,批判罗马教会的贪污腐化,否定教皇权威,坚持只接受《圣经》和公理的指导,揭开了西欧宗教改革的序幕,并最终永久性地结束了罗马天主教会对于西欧的封建神权统治。路德是一位多产的作家,他的许多小说、诗歌和文学作品都具有广泛的影响。最重要的著作之一是《圣经》的德译本。这使任何识字的德国人都有可能亲自学习《圣经》,而不必依赖教会及其教士们。1546 年路德在对家乡艾森斯莱市的一次访问中去世。

17. **Mary I 玛丽一世(血腥玛丽)**(1516—1558) 都铎王朝第四任君主(1553—1558),英格兰和爱尔兰女王,亨利八世之长女,为阿拉贡的凯瑟琳所生。在亨利八世与安妮·博林结婚后,玛丽被贬为私生女,不允许与母亲见面,并被命令成为同父异母的妹妹伊丽莎白的女侍官。1553 年,当爱德华六世因肺病去世之后,她在英格兰枢密院的支持下发动政变,废黜了继任的简·格雷。1553 年 10 月 1 日正式加冕成为英国历史上第一位女王。1554 年与神圣罗马帝国国王查理五世的儿子、西班牙王子腓力(后来的腓力二世)联姻。婚后,玛丽一世先后两次出现假性怀孕,但终究没有诞下任何子女。作为虔诚的天主教徒,玛丽一世即位后在英格兰复辟天主教,恢复教皇至高无上的地位,血腥镇压新教徒,被称为"血腥玛丽"。1558 年 11 月 17 日,玛丽一世逝世。她的同父异母妹妹伊丽莎白继位,是为伊丽莎白一世。

18. **Milton, John 约翰·弥尔顿**(1608—1674) 英国诗人、政论家,民主斗士。作为英国文艺复兴时期的巨人,他既是一个虔诚的清教徒,又拥有渊博的古典人文主义思想。先后在圣保罗学校和剑桥大学学习,获文学硕士学位。大学时代开始用拉丁文和英文写诗,早年的创作主要是短诗。他的十四行诗歌颂自由,斥责教会,或抒写个人的情怀,艺术上有较高的成就。在担任政府职务前后写过不少政论文,参加宗教和政治论战。克伦威尔的革命政府对他很欣赏,1649 年任命他为共和国的拉丁文秘书。写了不少文章捍卫共和国,驳斥国外敌对势力的攻击。弥尔顿的散文论点鲜明,论证有力,富有激情和表现力。但是,他因操劳过度,双目失明(1652)。克伦威尔死后,王朝复辟,弥尔顿受到迫害,被捕入狱,但很快被释放。从此他深居简出,专心写诗。在双目失明的情况下,在亲友的协助下,完成长诗《失乐园》《复乐园》和诗剧《力士参孙》。代表作《失乐园》与荷马的《荷马史诗》、但丁的《神曲》并称为西方三大诗歌。1674 年 11 月 8 日逝世,死后与乔叟、莎士比亚齐名。

19. **Ninety-Five Theses 《九十五条论纲》** 指马丁·路德于 1517 年 10 月 31 日按神学辩论的惯例张贴在德国维滕堡城堡教堂大门上的《关于赎罪券效能的辩论》的提纲,共九十五条,故称为《九十五条论纲》。路德在《论纲》中提出了基督教改革的思路,矛头直指罗马天主教会颁布的赎罪券。其核心思想是信仰得救、因信称义,即信仰上帝就可得救,不是靠善行来赎罪。这种论点对教皇和天主教会是一个沉重打击。《论纲》被学生们从拉丁文翻译成德文,人们争相传阅,两个星期内传遍德国,引发了震动欧洲的宗教改革运动。各阶层的热烈支持,使路德走上了同罗马教廷彻底决裂的道路。1521年,在教皇授意下,神圣罗马帝国皇帝卡尔五世要他在德国沃尔姆斯召开的帝国会议上认罪,并撤回这九十五条论纲,路德毫不退却,当着教皇代表的面,否认其统治基督教的权力,查理五世、教皇等无计可施,只好蛮横地对路德进行人身迫害,宣布路德为不受法律保护的人。路德无法立足,只好隐居,从事圣经翻译。

20. **Parr, Catherine 凯瑟琳·帕尔**(1512—1548)　亨利八世的第六任妻子(1543—1547),是英格兰结婚次数最多的王后,先后有过四位丈夫。在成为王后前嫁过两个男爵,两次守寡,在第二任丈夫过世后,她与休德利的西摩尔男爵一世托马斯·西摩尔(Thomas Seymour),即简·西摩尔王后的兄弟相恋。但是国王很喜欢她,她不得不接受了国王的爱意,于1543年7月12日在汉普顿宫成婚,成为第一位兼任爱尔兰王后的英格兰王后。凯瑟琳对调和亨利与他前两次婚姻生下的两个女儿的关系起到了积极的作用。在她的劝解下,1544年,亨利通过第三次继承法案,重新赋予玛丽和伊丽莎白王位继承权,位置在爱德华王子之后。她们后来先后继位为玛丽一世及伊丽莎白一世。在1544年7月至9月这三个月间,凯瑟琳还在亨利八世最后一次在法国的失败征战期间摄政。亨利八世驾崩六个月后,凯瑟琳和她的旧爱托马斯·西摩尔结婚,并在1548年8月30日生下了她唯一的孩子,玛丽·西摩尔。六天后,凯瑟琳死于产褥热。不到一年后,托马斯·西摩尔即以叛国罪被斩首。

21. **Petrarch, Francesco 弗朗西斯克·彼特拉克**(1304—1374)　意大利学者,诗人,欧洲人文主义运动主要代表,享有"文艺复兴之父"的美誉。彼特拉克在文、史、哲诸方面著述甚多,大部分用当时宫廷和知识界通用的书面语言拉丁文写成。他运用拉丁文抒发政治理想,阐述宗教见解,解释深奥的哲理,在当时产生了巨大的思想影响。他的拉丁文作品中最重要的是散文《秘密》(1342—1343)。彼特拉克在历史学方面也有所建树,用拉丁文写了两部历史著作:《名人列传》(1338—1339)和《回忆录》(1343—1345)。从1338年起,彼特拉克陆续用了四年时间,写下了著名的叙事史诗《阿非利加》,这是一部未完成之作,讴歌第二次布匿战争中古罗马统帅西皮奥战胜迦太基将领汉尼拔的英雄事迹,赞颂罗马帝国的伟大,表达爱国主义激情。这部作品使他在1341年4月8日获得"桂冠诗人"的称号,达到了当时一个文人所能享受的最高声誉。彼特拉克将拉丁语当做传播思想的工具,而把自己的母语作为个人真情实感的载体,用来写抒情诗。他最优秀的作品是用意大利语创作的《歌集》,共收366首诗,其中317首是十四行诗,除少量政治抒情诗之外,主要是诗人歌咏劳拉的诗篇。劳拉是一位骑士的妻子。彼特拉克对她一见倾心,终生不忘。劳拉成为他精神恋爱的对象、创作灵感的源泉和生活的动力。几十年不断地写诗表达对她的爱慕和思念。他的抒情诗,特别是十四行诗在内容和形式方面都为意大利乃至欧洲抒情诗的发展开辟了道路,使这种诗体臻于完美,被称为"彼特拉克体",作为欧洲诗歌中一个重要诗体流传下来。后人将其尊为"诗圣"、"意大利诗歌之父",与但丁、薄伽丘齐名,在文学史被称为"三颗巨星"。1374年7月18日彼特拉克离开尘世,享年70岁。当人们发现他的遗体时,他的头还埋在维吉尔的手稿中。反动的教会势力对彼特拉克恨之入骨,将他暴尸示众,手段卑劣而又残忍。

22. **Protestantism 基督教新教** 是在16世纪宗教改革运动中脱离天主教而形成的新宗派,与"天主教"、"东正教"并列为基督教三大派别。新教三大主流教派是:路德宗,亦称信义宗(Lutheranism);加尔文宗,亦称归正宗、改革宗(Calvinism);圣公会,又称安立甘宗(Anglican Church)。新教各派有许多与天主教对立的共同特征:反对罗马教皇对各国教会的控制,认为《圣经》具有最高的权威,强调信徒可以借助圣灵的指引直接与上帝相遇,否定了天主教坚持的教会释经权,为此新教各派都注重用民族语言诵经,取消了拉丁语圣经的垄断地位。新教反对圣母及圣徒崇拜,一般也不赞同炼狱之说。在教义上表现为强调"因信称义",否定了天主教得救必须以教会、神职人员、圣事为中介的主张。在组织上,新教各派都否定天主教集一切权力于教皇的教阶制,不承认罗马教皇的绝对权威;通常采用三种组织制度:主教制、长老制和公理制,又称会众制。新教还废除了天主教的修道院制度和神职人员独身制。在礼仪圣事上,反对天主教的繁文缛节,摈弃了弥撒仪式,重视讲道诵经,信徒共同唱赞美诗。将天主教的七项圣事精简为两项,即圣餐和洗礼。教堂的陈设布置及宗教服饰也比天主教简朴,多数教堂内只有十字架。新教的节日重视耶稣诞生与复活的庆典。由于新教徒对天主教的抗议态度,因此被称为Protestants。目前基督教新教占主导的国家有英国、美国、澳大利亚、新西兰、丹麦、挪威、瑞典、冰岛、芬兰、爱沙尼亚、拉脱维亚,约有新教徒五亿九千万,约占基督徒总数的27%。1807年前后,新教开始传入中国。根据中国基督教两会的统计,中国大陆约有9000多万名新教徒。

23. **Reformation 宗教改革运动** 是16世纪欧洲兴起的改革天主教教会的宗教和政治运动,促进了新教的建立。1517年德国教士马丁·路德发表了《九十五条论纲》,抗议销售赎罪券,标志着欧洲宗教改革运动的开始。宗教改革运动实质是在宗教外衣掩饰下发动的反对封建统治和罗马神权统治的政治运动。实行君主专制制度的统治者向教皇统治制度发起挑战,没收教会财产,给宗教改革运动以支持。宗教改革主张简化宗教仪式,否定罗马教廷的权威,对于君主专制制度的加强和新兴民族国家的加强都起了一定的作用。宗教改革摧毁了天主教的精神独裁,解放了思想,还促进了西欧各国民族文化和教育事业的发展。

24. **Renaissance 文艺复兴** 14世纪至17世纪在欧洲兴起的思想文化运动,为西欧近代三大思想解放运动(文艺复兴、宗教改革与启蒙运动)之一。最早源于意大利,后扩展至欧洲各国,带来一段崭新的科学与艺术革命时期,揭开了现代欧洲历史的序幕,被认为是中世纪和近代的分水岭。文艺复兴运动的本质是新兴的资产阶级通过弘扬古希腊、罗马文化的方式,反对教会宣扬的陈腐说教,发起的一场崭新的、促使人们思想解放的运动。文艺复兴时期涌现了一大批文学家、艺术家和思想家,产生了许多超越时空的不朽之作,在人类历史上出现了一个百花齐放、天才辈出的辉煌时代。杰出代表人物有文坛三杰——但丁、彼特拉克、薄伽丘,艺术三杰——达·芬奇、米开朗基罗、拉斐尔。在科学方面有哥白尼、布鲁诺、伽利略等。恩格斯曾高度评价"文艺复兴"在历史上的进步作用:"这是一次人类从来没有经历过的最伟大的、进步的变革,是一个需要巨人而且产生了巨人——在思维能力、热情和性格方面,在多才多艺和学识渊博方面的巨人的时代。"(《马克思恩格斯选集》第 3 卷第 445 页)

25. Seymour,Jane 简·西摩尔(1509—1537) 亨利八世的第三任妻子(1536—1537),爱德华六世之母。简·西摩尔曾先后担任阿拉贡的凯瑟琳和安妮·博林王后的女侍官。其受教育程度不及她的两位前任,仅能读写出自己的英文名字,但擅长女红和操持家务。她苍白的肤色和金发引起了亨利的注意,而当时的王后安妮·博林拥有完全相反的黄色皮肤和黑发。1536 年 5 月 20 日,安妮王后被斩首的第二天,国王与简·西摩尔正式订婚,10 天后即举行了婚礼。新通过的第二部王位继承法宣布新王后的子女将成为顺位继承人,而之前的两个女儿玛丽和伊丽莎白被宣布为私生子,剥夺了继承权。1537 年 10 月 12 日,她在汉普顿宫生下了亨利八世梦寐以求的男嗣,爱德华王子(后来的爱德华六世),九天后便因产褥热撒手人寰,葬于温莎堡的圣乔治教堂。亨利为此哀悼了比较长的时间。简·西摩尔是亨利八世六个妻子中唯一以王后之礼丧葬的王后,被视为唯一"真正的"妻子,因为她是唯一生下男性继承人的王后。1547 年亨利八世去世时,他被葬在了简·西摩尔的墓旁。

26. Tower Green 格林塔,亦称绿塔 伦敦塔(Tower of London)主体建筑白塔左前方的一块绿草地,那里有一个大圆盘标牌,指明为断头台所在地,圆盘上有水晶枕一个。圆盘上奉维多利亚女王之命,不为纪念,也不为怀念,只是冰冷地记载了在这里被处死的那些曾经显赫一时的人物,其中包括亨利八世的第二任王后安妮·博林和第五任王后凯瑟琳·霍华德。据说,在 2003 年前这里放着是沾着安妮·博林血的一块石头,后为水晶枕所取代。草坪后的小房,就是皇后之屋(Queen's House),当年关押安妮·博林和她的女儿伊丽莎白的地方。伦敦塔是英国伦敦泰晤士河北岸、伦敦塔桥附近的一组建筑,原为一古堡,由征服者威廉一世于 11 世纪 80 年代在罗马人城堡旧址上开始营建,后来,历代王朝又修建了一些建筑物。伦敦塔曾先后充作王宫和囚禁政治要犯及国王死敌的监狱,现已作为兵器库和博物馆。1988 年被列为世界文化遗产,为英国最受欢迎的历史景点。

27. Tudor,Arthur 亚瑟·都铎/威尔士亲王(1486—1502) 英王亨利七世与伊丽莎白王后的长子,亨利八世的哥哥。英国王位的头号继承人,受过良好的教育。亚瑟

11岁时与年长他一岁的西班牙阿拉贡王国的凯瑟琳公主订婚,1501年11月14日,在英国的圣保罗大教堂结婚。这是一场政治婚姻,与凯瑟琳的结合,可以巩固英国与西班牙的同盟关系,联手抵御共同的敌人——法国。婚后不久,亚瑟和凯瑟琳就被送到了威尔士边境的拉德洛城堡。身为威尔士亲王,他必须作他父亲的钦差前往威尔士,代表英国王室统治那里。拉德洛城堡坐落在一个气候寒冷潮湿的地方。不久,城中疫病流行,凯瑟琳和阿瑟都染上了重病。凯瑟琳后来痊愈了。不幸的是,虚弱的阿瑟在1502年4月2日去世了。

28. Vinci, Leonardo Da 列奥纳多·达·芬奇(1452—1519) 文艺复兴时期的全才:除了是画家,他还是雕刻家、建筑师、音乐家、数学家、工程师、发明家、解剖学家、地质学家、制图师、植物学家和作家,在艺术和科学方面均有创造性见解和成就,其成果几乎涉及了所有领域。与米开朗基罗和拉斐尔并称"文艺复兴三杰"。代表作壁画《最后的晚餐》、祭坛画《岩间圣母》及肖像画《蒙娜丽莎》是达·芬奇为世界艺术宝库留下的珍品中的珍品。著有《绘画论》。达·芬奇晚年被法兰西国王弗朗索瓦一世邀入法国,安置于昂布瓦斯城堡中的克鲁克斯庄园。1519年4月23日,年事已高的达·芬奇因病逝世,享年67岁,埋葬于城堡边的小教堂。达·芬奇逝世之后的500年间,人类一直对他进行研究与探索,他的祖国意大利更是把他作为本国文化的象征。

第六单元

启蒙运动与现代科学的先声

课前导读

在学习本单元内容前,请思考以下问题:

- 你了解弗朗西斯·培根、大卫·休谟、约翰·洛克、伏尔泰、卢梭么?

- 请在课堂上与大家分享一下你所知道的法国大革命。

- 你如何理解启蒙运动时期中理性、自由和科学等关键概念?

文化概览

启蒙运动时期

启蒙运动时期(简称启蒙运动或理性时代)是17和18世纪的一场知识分子文化运动。该运动起源于欧洲,之后传播到美洲殖民地。其主要目的是利用理性进行社会改革,挑战根植于传统和宗教信仰中的观点,通过科学方法推动知识进步。该运动促进了科学、怀疑主义和学术交流的发展,反对迷信、褊狭以及对教会权力和国家权力的滥用。

启蒙运动的起始时间在1650到1700之间,该运动受到哲学家巴鲁赫·斯宾诺莎、约翰·洛克、皮埃尔·培尔、伏尔泰和物理学家艾萨克·牛顿的启发。科学革命和启蒙运动紧密联系,前者的发现颠覆了许多传统观念并提出了关于自然以及人类在自然界所处地位的新观点。启蒙运动的繁荣一直延续到1790—1800年。此后,对理性的尊崇逐渐让位于浪漫主义对情感的注重,反启蒙思想风头日劲。

在法国,启蒙运动的主要阵地是沙龙,收官之作是由德尼·狄德罗主编的巨著《百科全书》。在成书过程中,伏尔泰、卢梭和孟德斯鸠等数百名主要哲学家(学者)都作出了贡献。这一新知识的影响力传播到欧洲大陆的城市中心地带,尤其是英格兰、苏格兰、德联邦国家、荷兰、俄国、意大利、奥地利和西班牙,随之跨越大西洋传播到欧洲殖民地,对包括本杰明·富兰克林和托马斯·杰弗逊在内的很多人产生了影响,此外对美国独立战争也有着重要的推动作用。启蒙主义的政治理想影响了《美国独立宣言》《美国权利法案》和《法国人权宣言》。

"启蒙"一词的英文形式直到18世纪中期才开始使用。对伊曼努尔·康德而言,启蒙时期是人类的最后一个时期,此时人类意识会从蒙昧不成熟阶段解放出来。历史学家罗伊·波特认为,教条蒙昧是当时普遍的状态,将人类思想从这一状态中解放出来的主张是启蒙时代试图实现的目标的集中体现。然而,伯特兰·罗素则认为启蒙时期只是进步发展的一个阶段,早在远古时代就已开始,理性和对既成规则的挑战是贯穿整个时期的不变理想。

那个时期围绕"忏悔"这个主题存在一些学术争论——涉及罗马天主教、路德教、更正教(加尔文教)和圣公会,其主要目的是为了确定哪个宗派能够"单独拥有真理和上帝授予的权威"。此后,先前植根于传统的一切都遭到了质疑,往往被哲学理性指导下的新理念所取代。17 世纪下半叶和整个 18 世纪,"理性化和世俗化总进程的到来迅速推翻了神学在知识界百年来的统治",因此争论的焦点让位于"逐渐升级的关于信仰和怀疑的争论"。

在这个阶段两种截然不同的启蒙主义思想逐渐成形:首先是激进的启蒙主义,主要受一元论哲学家斯宾诺莎影响。在政治上体现为提倡民主,种族和性别平等,个人生活方式自由,思想、言论和出版的完全自由,根除立法过程和教育中的宗教特权,以及政教的完全分离。

其次是温和的启蒙主义,比如见诸笛卡尔、约翰·洛克、艾萨克·牛顿和克里斯蒂安·沃尔夫著作中的那些不同哲学体系,它一定程度上支持对陈旧思维模式进行批判性反思和革新,但同时又希望改革、调和顺应老旧的权力和信仰。保守的反启蒙思想者也接受这两条思想,包括那些紧紧追随传统信仰思想体系的思想家们。

(Based on http://en.wikipedia.org/wiki/Age_of_Enlightenment)

▶ 站在巨人的肩膀上:艾萨克·牛顿与现代科学

现代物理科学的大部分内容都以牛顿发现的力学三大定律和重力理论为基础。此外,牛顿还发明了最重要的数学工具之一"微积分"。晚年,谈起自己的贡献时,牛顿说道:"如果说我比其他人看得更远些,那是因为我站在巨人的肩上。"

意大利科学家伽利略就是这些巨人之一,他去世那年牛顿正好出生。另一位是波兰科学家尼古拉·哥白尼,他生活的年代比牛顿早一个世纪。哥白尼开启了一次科学革命,带来了人们对宇宙运行方式的全新理解。伽利略继承并拓展了哥白尼的事业。基于二者和其他科学家的思想,艾萨克·牛顿解答并证明了前人的研究。

艾萨克·牛顿于 1642 年 12 月 25 日出生在英格兰的伍尔索普。他是个早产儿,个头儿小,身体羸弱。大家都以为他难以存活,但令人吃惊的是他不仅活了下来,还成为历史上最具影响力的科学家之一。他去世时已经八十四岁高龄。

牛顿幼年时期并不是一个好学生,但他喜欢制作如风筝、闹钟和简单机械之类的小玩意儿。此外,他喜欢探索回答问题或解决困难的新方法。奇怪的是,在一个小男孩朝他肚子踢了一脚以后,他的学习成绩好了很多。这个男孩是学校里的优等生。牛顿下定决心要比他取得更高的分数来报复踹他肚子的那个男孩,不久他便成为了学校里顶尖的学生。

牛顿离开学校在农场上帮工,但事实很快表明他不是干农活的料。一位叔叔认为比起种田,牛顿更适合上学,所以他帮助年轻的牛顿进入剑桥大学研习数学。五年之后的1665年,牛顿完成学业,此时他二十二岁。

一天,牛顿坐在花园里看见一个苹果从树上掉下来。他开始思索,让苹果落地的力与让月亮绕着地球转动的力是否为同一种力。对此他持肯定意见,并相信可以测量得出这种力的大小。他把这种力称为"重力",并开始细心研究。他认为使行星围绕太阳转动的力由两个因素决定:一是行星和太阳的质量,二是两者之间的距离。牛顿找出了距离和重力之间的确切关系,并通过测算月亮绕地球旋转所需的引力验证了自己的观点。结果表明,测算所得数据与月亮绕地球运动所需的力的大小虽不完全相等,但数值很接近。牛顿没向任何人透露自己的发现。最后当地球的体积得以准确测定之后,他发现两个力的大小完全相同。

多年以后,英国天文学家埃德蒙多·哈雷带着如下问题拜访牛顿:行星沿着怎样的轨道围绕太阳旋转呢?牛顿立即回答:一种蛋形的椭圆轨道。哈雷非常惊讶并向他求证。牛顿在证实的同时,向哈雷展示了自己其他的科学成果。哈雷宣称牛顿的科学发现是史上最伟大的发现,并敦促他与世人分享自己的成果。牛顿于是开始著书解释他的研究成果,该书于1687年出版,名为《自然哲学之数学原理》。本书被誉为史上最伟大的科学著作,力学的三大自然定律便来源于此。根据这三个定律,牛顿展示了宇宙运动的原理。他用简单易懂的数学对此加以证实,各地的科学家都接受了牛顿的观点。

同时代的英国重要诗人亚历山大·蒲柏用下面的溢美之词称赞牛顿:"自然与自然规律隐藏在黑暗中。上帝说:'让牛顿出现吧!'于是世界一片光明。"

(Based on http://www.chinadaily.com.cn/language_tips/auvideo/2012-05/25/content_15389401.Htm)

弗朗西斯·培根:名誉和耻辱

弗朗西斯·培根年轻时就在众多领域展现出了天赋。早期,由于身体不好,他在家接受教育(羸弱的身体使他终身饱受折磨),为他上课的是一位牛津大学毕业生。12岁时,他进入剑桥大学三一学院,接受约翰·惠特吉夫博士(未来的坎特伯雷大主教)的亲自教导。第一次在剑桥遇见伊丽莎白女王时,女王对他年纪轻轻就展现出来的才情赞赏有加,称其为"我年轻的掌玺大臣"。

结束在剑桥三一学院和伦敦格雷律师学院的学习之后,培根并没有在大学任职,而是试图在政界寻求发展。虽然在伊丽莎白时期他的政治道路不算成功,但在詹姆斯一世时期他升至最高政治职位担任上议院大法官。之后,他沦为一次议会阴谋的替罪羊,因此失去了所有的官职和议席,但是头衔和个人财产得以保留。虽然政治生涯以羞耻的结局收场,培根仍然是一位颇具影响力的人物。在最后的年月里,他专注于哲学研究。

他的国际声誉和影响力广为传扬,在去世后更是如此,那时英国波义耳团体的科学家把他"建立合作研究机构"的主张应用于建立皇家学会的规划和筹备中。

然而,这样一位大人物的感情生活并非一帆风顺,更别说拥有温馨美满的婚姻了。36岁时,他痴迷于一个20岁的年轻寡妇伊丽莎白·哈顿,并展开了强烈攻势。据传言,哈顿接受了一个富人的求婚而终止了与培根的恋情。多年以后,培根在写作中仍然流露出未能娶到哈顿的悔恨之情。45岁时,培根与年仅十四岁的爱丽丝·博瀚文结婚,后者的父亲是一位出身名门的伦敦市府参事和议会议员。培根写了两首十四行诗,宣告他对爱丽丝的爱。第一首写于追求时期,另一首写于1606年5月10日,他们结婚当日。当培根在国王的特别授意之下被任命为上议院大法官时,培根夫人的地位高于其他所有官员夫人。

关于他和爱丽丝婚姻生活不和谐的报道日益增多。有猜测说,这可能是因为她不能像从前那样方便地获得钱财,而她早已适应了先前的那种生活。据传言,爱丽丝迷恋名誉和财富,所以当没有积蓄可用时便开始抱怨并追问钱的去向。爱丽丝·钱伯斯·邦滕在《爱丽丝·博瀚文的一生》中写道,在他们陷入债务危机时,她竟到处走访他们的朋友寻求经济上的帮助。培根发现她和约翰·昂德希尔爵士之间的地下恋情之后,取消了爱丽丝的遗产继承权。他重新修改了遗嘱,取消了先前慷慨馈赠的所有土地、物品和收入。

当然,关于他们的婚姻关系流传着不同的版本。培根的秘书和牧师威廉·罗列在培根传记中写道,他和爱丽丝·博瀚文的婚姻充满着"夫妻之爱和尊重",其中提到了培根曾送她的一件荣誉之袍,而"她在去世之前一直穿着,那时距他去世已达二十多年之久。"

关于他的一些谣言更为糟糕。一位与显贵人士关系密切的古文化研究者约翰·奥布里在他的私人备忘录里提到培根,"他是一名同性恋"。传记作者继续就培根的性取向和他私人关系的确切性展开辩论。很多作者认为尽管培根结过婚,但从根本上说他喜欢同性。例如,福克教授研究了历史记载的有关詹姆斯国王和培根的"性取向"问题,认定他们都偏好"男性之爱",当时这一词语专指喜欢同性男子的性取向。詹姆斯一世时期的古文物研究者西蒙兹·迪尤斯爵士也暗示培根曾因鸡奸而受审的说法。但他的这一结论遭到了其他人的怀疑,后者认为西蒙兹的证据相互矛盾,并认为证据来源可以有多种解释。

他的离世也颇为出名,是在研究冷冻对肉类的防腐作用时感染肺炎而死。这使他成为历史上极少数死于自己实验的科学家。听到他辞世的消息,三十多位伟人为他写了悼文,悼文以拉丁文的形式出版。他的负债总额超过23000英镑,以现在的市值计算相当于300万英镑。

(Based on https://en.wikipedia.org/wiki/Francis_Bacon)

文化背景知识

1. Age of Enlightenment 启蒙运动时期 一般认为是17世纪中叶到18世纪末期、与理性主义等一起构成的文化运动时期,和艺术史上的新古典主义时期、音乐史上的巴洛克时期基本为同一时期。在法语中,"启蒙"一词的本意为"光明、启迪",表明启蒙时代就是光明驱逐黑暗的历史时代。这个时期的启蒙运动是世界文化史上继文艺复兴之后又一场思想解放运动,与科技革命的兴起密切关联;它发源于英国,繁盛于法国,后来在德国进一步达到思想的综合和理论的成熟;它为美国独立战争与法国大革命提供了框架,并促进了资本主义和社会主义的兴起。启蒙运动以"理性"为标志,追求"自由、平等、民主、宽容"的思想原则,在对封建专制制度和天主教会进行口诛笔伐的同时,也对未来的资本主义社会蓝图进行了展望和描绘。启蒙运动从兴起到发展长达世纪之久,启蒙思想涉及宗教、哲学、伦理学、政治学、经济学、文学艺术、史学、美学和教育等各领域,出现了各种学说体系和大批著名人物,广及欧洲许多国家。著名启蒙思想家有霍布斯、洛克、孟德斯鸠、伏尔泰、卢梭、康德、以狄德罗为首的百科全书派及孔多塞等。

2. Archbishop of Canterbury 坎特伯雷大主教 是全英国教会的主教长,全世界圣公会的主教长,普世圣公宗的精神领袖。首任主教圣奥斯定·坎特伯雷为全英格兰的首席主教。坎特伯雷大主教的两个主教座位坐落于肯特郡的坎特伯里座堂。作为天主教会中的圣礼事保持者,大主教主持自1867年起十年一次的全世界圣公会主教会议。他虽然在会中没有绝对的决定权,但作为普世圣公宗的首领,负责协调所有成员教会,并对涉及整个普世圣公宗中成员教会的事务具有最终裁定权。

3. Bayle, Pierre 皮埃尔·培尔(1647—1706) 法国哲学家、历史评论家,17世纪下半叶最有影响力的怀疑论者,其代表作为《历史批判词典》。培尔出身于新教牧师家庭,年轻时就读于加尔文派学校,后在图卢滋大学和日内瓦大学学习。1675年在色当担任新教学院的哲学教授。1681年该学院被封,他移居荷兰,出任鹿特丹大学教授。1693年被荷兰当局免职,此后专事著述。主要著作包括《历史批判辞典》《哲学体系》与《马克辛和笛密斯特的对话》等。培尔崇尚怀疑主义,强调宗教宽容,并以此为武器抨击天主教和新教,反对路易十四的宗教迫害政策。他主张宗教与科学分离,宣称宗教与道德、国家之间没有必然联系。同时他认为理性与信仰不相容,二者无法相互证明。

4. Cambridge University 剑桥大学 英国著名的古典大学之一。位于英格兰东部伦敦以北50公里的剑桥市,1209年由一些从牛津迁到剑桥的学者、僧侣所创建。1231年亨利三世授予剑桥教学垄断权。1318年得到教皇约翰22世的承认。最初由于

85

学校规模很小,学生散居市内,为了便于组织和管理教学而成立了学院。目前有31所学院,每个学院独立管理,拥有教育自治权,独立进行研究和教学,教师和学生必须从属于一所学院。除了学院以外,还有天文台、斯科特极地研究所、非洲研究所、拉美研究、南亚研究以及国际研究中心等研究机构。剑桥大学在学术方面始终位于世界领先地位,以其高素质的教学和研究水准而闻名。英国许多著名的科学家、作家、政治家均出自这所大学,它也是诞生诺贝尔奖得主最多的英国高等学府,有九十多名诺贝尔奖获得者曾经在此执教或学习。剑桥大学奉行五大教育理念:自由教育理念、生本教育理念、创造教育理念、人文教育与科技教育相结合的教育理念、国家责任教育理念。通过自由教育理念和创造教育理念营造了良好的人才培养环境和学术氛围;通过生本教育理念、人文教育与科技教育相结合的教育理念以及国家责任教育理念培养了为国家服务的全面发展的精英人才。正是由于这些独特教育理念的指导,剑桥大学跻身世界一流大学行列。

5. **Declaration of Independence《独立宣言》** 18世纪英属北美13个殖民地反对英国殖民统治、宣布独立的纲领性文献。由杰斐逊、亚当斯、富兰克林等5人起草,1776年7月4日由第二次大陆会议通过(是日后定为美国独立纪念日)。宣言历数了英王的种种罪行,力陈独立的合法性和正义性,并宣告北美殖民地从此脱离英国成为独立的美利坚合众国。宣言重申了一系列资产阶级民主原则:人人生而平等,享有不可侵犯的"天赋人权",其中包括生命权、自由权和追求幸福的权利;政府的统治应顺应民意,人民有权推翻旧政府建立新政府。宣言在相当程度上反映当时北美殖民地人民追求自由和幸福的愿望,激励美国人民赢得独立战争的最终胜利,它的基本理念成为美国社会发展的不朽基石。《独立宣言》的原件由出席大陆会议的代表共同签署,永久展示于华盛顿特区的美国国家档案馆。

6. **Descartes, Rene 勒内·笛卡尔**(1596—1650) 法国著名的哲学家、科学家和数学家。笛卡尔是西方现代哲学思想的奠基人之一,近代唯物论的开拓者。他提出了"普遍怀疑"的主张,开拓了所谓"欧陆理性主义"哲学,被黑格尔称为"现代哲学之父"。他的思想自成体系,熔唯物主义与唯心主义于一炉,在哲学史上产生了深远影响。笛卡尔的方法论对于后来物理学的发展具有重要影响。他在古代演绎方法的基础上创立了以数学为基础的演绎法:以唯理论为根据,从自明的直观公理出发,运用数学的逻辑演绎,推出结论。这种方法和培根提倡的实验归纳法结合起来,经过惠更斯和牛顿等人的综合运用,成为物理学特别是理论物理学的重要方法。另外,他对现代数学的发展也做出了重要贡献,因为把几何坐标体系公式化而被视为解析几何之父。

7. **Encyclopédie《百科全书》** 又称《科学、艺术和工艺详解辞典》,是启蒙运动时期最重要的著作之一。法国启蒙运动思想家、哲学家和文学家德尼·狄德罗为主要编纂者,并邀集同时代150余位学者,历时近30年共同完成。《百科全书》是当时法国资产阶级启蒙运动阵地之一,进步的法国学者和作家以这部辞典为核心团结起来,因而有

"百科全书派"之称。《百科全书》构建了全新的知识体系,用唯物主义观点介绍当时人类最新知识、最新科技成就,以对知识、自然等的崭新理解引导人们在理性的指导下思考世界,在摧毁欧洲中世纪神学统治、发展近代唯物主义哲学和1789年法国资产阶级革命提供思想准备等方面都发挥重要作用。《百科全书》在编写和陆续出版过程中两次遭到当局勒令"中止"。全书于1772年问世,共计32卷,不仅系统地汇总了人类各个时代和各个领域的科学成果,也是科学进一步发展的向导。

8. Franklin, Benjamin 本杰明·富兰克林(1706—1790)　美国著名政治家、实业家、社会活动家,同时他还是记者、慈善家和杰出的外交家,担任美国第一位驻外大使(法国),成功取得法国对美国独立的支持。他参与起草《独立宣言》和美国宪法,积极主张废除奴隶制度。作为美国历史上第一位享有国际声誉的科学家和发明家,他发明了避雷针、双焦点眼镜等。1753年,富兰克林获得了哈佛和耶鲁大学的名誉学位,1756年获得威廉玛丽学院的荣誉学位。1790年4月17日去世,墓碑刻着"印刷工富兰克林"。

9. Galilei, Galileo 伽利略·伽利莱(1564—1642)　意大利物理学家、数学家、天文学家,近代力学和实验物理学的创始人。伽利略家族姓伽利莱(Galilei),但现已通行称呼他的名Galileo,而不称呼他的姓。伽利略生于意大利比萨城的一个没落贵族家庭,自幼聪颖多才。17岁时入比萨大学学医,后潜心于数学研究,1586年发表论文《比重秤》,开始扬名意大利数学界。1590年发表长篇论文《论重力》,首次提出了自由落体定律。1609年,伽利略设计制造出世界上第一架能放大32倍的天文望远镜,开启了人类观测宇宙的先河。他著书立说驳斥"地静说",捍卫和宣扬"地动日心"的宇宙结构,推动了"哥白尼革命"。他深入研究物体运动,为牛顿理论体系的建立奠定了基础。他在科学史上首次使用数学演绎与观察实验有机结合的科学方法,并赋予一些古老研究方法以现代含义,大大推进了科学认识的发展,开创了现代物理学历史。由于他积极宣扬违背天主教教义的哥白尼学说,1633年受到罗马教廷宗教裁判所的审判并被监禁。1637年双目失明。1642年因寒热病在孤寂中离开了人世,时年78岁。时隔340多年,罗马教皇于1979年宣布承认对伽利略的压制是错误的,并为他"恢复名誉"。鉴于他在科学领域的卓越贡献,伽利略被誉为"现代科学之父"。

10. Gray's Inn 格雷律师学院　全称"尊贵的格雷律师学院",又叫"格雷律师公会"。学院坐落于霍尔本正街与格雷学院道一带。学院负责向英格兰及威尔士的大律师授予执业认可资格。格雷律师学院正式成立于1569年,但其历史可上溯至公元14世纪,学院以威尔顿的格雷勋爵命名。伦敦四所律师学院之一,另三所律师学院是林肯律师学院、中殿律师学院和内殿律师学院。四大律师学院互不隶属,其成员包括正在各院学习的学生及已从各院毕业的大律师,学院由君主或皇族担任名誉院长,院长由资深大律师互选产生,其名誉委员的人数限制极为严格。

11. Halley, Edmund 埃德蒙·哈雷(1656—1742)　英国天文学家、地理学家、数

学家、气象学家和物理学家,曾任牛津大学几何学教授,第二任格林尼治天文台台长。他把牛顿定律应用到彗星运动上,正确预言了"哈雷彗星"回归运动的事实。哈雷还发现了天狼星、南河三和大角这三颗星的自行。哈雷经历丰富,他一生中当过船长、地图绘制员、牛津大学几何学教授、皇家制币厂副厂长、皇家天文学家,是深海潜水钟的发明人。他写过有关磁力、潮汐和行星运动方面的权威文章,发明了气象图和运算表,提出了利用金星凌日的机会测算地球年龄和地球和太阳之间距离的方法,发现了月亮运动的长期加速现象,为精密研究地、月系的运动作出了重要贡献。

12. Jefferson, Thomas 托马斯·杰斐逊(1743—1826)　美国杰出的启蒙思想家、资产阶级民主革命家和美国民主传统的奠基人、民主共和党(今民主党之前身)创始人、《独立宣言》主要起草人;美国政治民主在思想塑造、制度建设和政治实践上最伟大的缔造者之一,被誉为美国的"民主之父"。杰斐逊曾任弗吉尼亚州州长、美国驻法公使、美国第一任国务卿、第二任副总统、第三任总统。任内因崇尚重农主义、个人自由、有限政府、及以共和主义激励美国身份认同而知名;执行路易斯安那购地案,拓展了美国领土。在美国创建半个多世纪内,为美国社会政治、经济发展作出了卓越贡献。杰斐逊不仅政绩显赫,而且知识渊博,造诣深湛,熟悉多种学科,他是土地测量师、建筑师、古生物学家、哲学家、音韵学家、作家和政治家,对数学、农艺学和建筑学都有较深研究;除英语外,他还懂拉丁语、希腊语、法语、西班牙语和意大利语,还是个出色的提琴手。他晚年创办的弗吉尼亚大学更是开辟了美国高等教育发展的新纪元,使他在美国高等教育发展史上占有重要地位。该校曾是北美唯一名列联合国教科文组织世界遗产名录的高等院校。杰斐逊一生著述颇丰,涉及问题很广,后人为纪念他出版了他的文集,共20卷。

13. Kant, Immanuel 伊曼努尔·康德(1724—1804)　德国唯心主义哲学家、天文学家、德国古典哲学的创始人、启蒙运动最后一位主要哲学家,被视为现代欧洲最具影响力的思想家之一。康德的主要历史功绩在于第一次推翻了18世纪末流行于欧洲各国的形而上学体系,成为辩证法的奠基人,使整个哲学史发生了一次哥白尼式的革命。时至今日,康德在西方哲学中的影响仍随处可见,各种流派、观点几乎无不与他有直接或间接的关系,从他的思想和方法中汲取灵感。康德不仅对哲学有很深的造诣,而且还有广博的自然科学知识。他一生对知识的探索以1770年为界分为两个阶段,前期主要研究自然科学,后期主要研究哲学。主要著作有:《自然通史和天体论》《宇宙发展史概论》《纯粹理性批判》《实践理性批判》《判断力批判》等。"三大批判"的出版标志着康德哲学体系的完成,引起了哲学界的一场革命。政治上,康德是一名自由主义者,1795年出版的《论永久和平》一书所提出的世界公民、世界联邦、不干涉内政的主权国家原则等至今仍有现实意义。康德终身未婚,于1804年2月12日逝世。

14. Locke, John 约翰·洛克(1632—1704)　17世纪英国资产阶级的思想家、哲学家、自由主义的奠基人,古典自然法学派的杰出代表之一,在哲学以及政治领域都有重要影响,被认为是启蒙时代最具影响力的思想家和自由主义者。主要著作有《论宽容异教的通信》《政府论(两篇)》《人类理解论》《人类悟性论》《基督教的合理性》等。洛克是全面系统地阐述宪政民主基本思想的第一位作家。他的理论激励了后来的美国革命与法国大革命,他的思想深刻影响了伏尔泰、卢梭等法国启蒙运动的主要哲学家以及美国的开国元勋。例如他的分权思想为孟德斯鸠所继承并发展,最终被确立为美国宪法的基本原则;而他关于自由和社会契约的理论也影响了后来的亚历山大·汉密尔顿、詹姆斯·麦迪逊、托马斯·杰斐逊等美国的开国元勋,其理论在美国的《独立宣言》中得以反映。洛克终身未娶,在1704年溘然长逝。

15. **Montesquieu 孟德斯鸠**(1689—1755)　法国政治哲学家、法学家、启蒙思想家。作为一位百科全书式的学者,孟德斯鸠反对神学,提倡科学,被选为波尔多科学院院士、法国科学院院士、英国皇家学会会员、柏林皇家科学院院士。孟德斯鸠是西方国家学说和法学理论的奠基人,1748年发表了最重要、影响最大的综合性政治学著作《论法的精神》。他在洛克分权思想的基础上明确提出了"三权分立"学说,最有效地促进个人自由。他特别强调法的功能,认为法律是理性的体现。他认为,法分为自然法和人为法两类:前者是人类社会建立之前就存在的规律,那时人类处于平等状态;后者包括政治法和民法等。孟德斯鸠提倡资产阶级自由和平等,但同时又强调自由的实现要受法律制约,为资产阶级的国家和法的学说作出了卓越贡献。

16. **Newton,Isaac 艾萨克·牛顿爵士**(1642—1727)　英国著名的物理学家、天文学家和数学家,古典力学理论体系的创始人。1665年毕业于剑桥大学三一学院,毕业后留校任教,四年后任该校数学教授。曾任英国皇家学会会长,当选为英国国会议员,1705年受封为爵士。牛顿在力学、光学、热学、数学、天文学领域都作出过卓越贡献。对力学的主要贡献是:在伽利略和开普勒等前人研究成果的基础上,总结出力学运动的三大基本定律(惯性定律、力和加速度定律、作用和反作用定律)和万有引力定律,奠定了古典力学的基础,实现了近代自然科学的第一次综合。他的上述科学成就发表在《自然哲学之数学原理》(1687)一书中。牛顿最卓越的数学成就是创立了"流数法"(微积分),建立了二项式定理及"广义算术"(代数学),与阿基米德、高斯和欧拉一起被誉为有史以来贡献最大的四位数学家。在光学上的主要贡献是做出了白光是由不同颜色(即不同波长)的光组成的判决实验,进而精确地说明了光的色散,揭开了物质的颜色之谜;提出光的微粒说。1704年出版的《光学》一书系统阐述他在光学方面的研究成果。在天文学方面,1672年创制了第一架反射望远镜,奠定了现代大型光学天文望远镜的基础;另一贡献是利用牛顿力学理论上解释了开普勒三大定律。热学方面牛顿确定了冷却定律。在炼金术史上,牛顿也是一位非常重要的人物,在神秘学领域内的炼金术、末日、魔法等方面具有相当高的成就,留下了50多万字的炼金术手稿和100多万字的神学手稿,被牛津大学作为文物收藏。1727年3月31日,牛顿在伦敦病逝,享年84岁。安葬于威斯敏斯特大教堂,成为在此长眠的第一个科学家。

17. Pope, Alexander 亚历山大·蒲柏(1688—1744) 18世纪英国最伟大的诗人,杰出的启蒙主义者。蒲柏出生于罗马天主教家庭,幼年时患有结核性脊椎炎。由于当时英国法律规定学校要强制推行英国国教圣公会,因此他没有接受系统的学校教育,从小在家中自学,研习了拉丁文、希腊文、法文和意大利文的大量作品。12岁开始发表诗作,17岁在斯威夫特的鼓励下翻译了古希腊史诗《伊利亚特》与《奥德赛》。21岁时蒲柏发表《田园诗集》,以后几年发表诗作《批评论》《温莎林》等,阐述自己文学观点。作为第一位受到欧洲大陆关注的英国诗人,其著作被翻译成欧洲许多国家的文字。蒲柏是启蒙运动时期古典主义的代表,作品可分为田园诗、讽刺诗和哲理诗及翻译作品四大类。在英语诗歌史上,双韵体诗由乔叟最先启用,后经斯宾塞、马洛等人发展,再由德莱顿弘扬,最后经蒲柏的完善扩充,形式更为整齐优美,节奏更跌宕变化。这种"英雄双韵体"在诗歌艺术中达到了神韵独步千古的境界,成为英国诗歌史上的最高成就。

18. the Royal Society 英国皇家学会 全称"伦敦皇家自然知识促进学会",是英国最具名望的科学学术机构,成立于1660年,英国国王/女王是学会的保护人。学会宗旨是促进自然科学的发展。它是世界上历史最长而从未中断过的科学学会,在英国起着全国科学院的作用,对科学政策的制定发挥一定作用,也就科学事务问题参与公众讨论。作为独立的享有慈善机构特权的组织,英国皇家学会有1400名院士及外国成员。学会的院士都是来自英国及英联邦的著名科学家、工程师和科技人员。英国皇家学会是一个独立的自治社团,在制定章程、任命会员时无需取得任何形式的政府批准,学会没有设立自己的科研实体,政府为学会经营的科学事业提供财政资助。此外,学会还有确认优秀的科学学识与研究、奖励和促进国际科学交流、组织并推动科学教育和科学普及工作、致力科学史工作等任务。

19. Rousseau, Jean-Jacques 让-雅克·卢梭(1712—1778) 瑞士裔法国著名的启蒙思想家、哲学家、教育家、文学家,既是18世纪法国大革命的思想先驱,也是启蒙运动最卓越的代表人物之一。身为一位多产的作家,他的作品涉及政治、音乐、教育等多个领域,包括自传、小说、书信、散文等等。他在著作中所阐发的激进资产阶级民主主义思想,不仅为法国资产阶级革命提供了思想武器,也对世界各国的资产阶级革命运动产生了巨大影响。在众多西方政治学著作中,他的《社会契约论》是最早被翻译引进中国并得到广泛传播的作品之一,他在书中提出的人民主权及民主政治哲学思想深刻影响了启蒙运动、法国大革命和现代政治、哲学和教育思想。卢梭还是著名的教育家,他的教育学论著《爱弥儿》中体现的自然主义教育观深深地影响了现代教育理论。卢梭对文学的贡献主要体现在他的书信体小说《新爱洛绮丝》里面,这部小说对后世浪漫主义小说的发展有很大促进。卢梭综述自己一生的三部书:《忏悔录》《孤独散步者的遐想》《对话录:让-雅克评论卢梭》都在身后发表。1778年7月2日,卢梭在一个侯爵的庄园里逝世。

法国资产阶级革命后,他的遗体于1794年隆重移葬于巴黎先贤祠。

20. **Russell, Bertrand 伯特兰·罗素**（1872—1970） 20世纪英国哲学家、数学家、逻辑学家,20世纪影响最大、声望最高的思想家之一,也是一位罕见的博学多产的作家。他给后人留下了七十多部论著和几千篇论文,不仅在数学、逻辑、哲学上有卓越建树,而且在社会学、伦理学、教育学、历史、文学以及政治等学科均有独到的见解,堪称百科全书式的思想家。其中最有影响的论著有:《数学原理》（与怀特海合著,三卷）《哲学问题》《心的分析》《物的分析》《西方哲学史》《人类的知识:其范围和限制》《幸福之路》《教育论》《教育与社会秩序》等。他的哲学思想对本世纪的西方哲学影响很大,被认为是目前西方最大的唯心主义哲学流派——分析哲学的创始人之一。罗素出身于英国一个显赫的贵族家庭,祖父约翰·罗素伯爵曾两度出任英国首相。1890年罗素以优异成绩考入英国著名的剑桥大学三一学院,攻读数学。毕业后被剑桥大学聘为研究员。罗素研究的重点是数理哲学,他与老师怀特海花了整整10年时间写成了《数学原理》一书,这部有三大卷的巨著在数理逻辑学方面做出了划时代的贡献。罗素还是"欧洲新教育运动"中最具有代表性的教育家之一,他站在哲学的高度来审视教育活动,对大学教育的目的、内容、学术自由和教育民主等诸多方面均有独到的看法,形成了一套比较系统的高等教育思想。鉴于罗素对人类文化的巨大贡献,1950年他获得诺贝尔文学奖。1958年,他获得联合国教科文组织颁发的卡加林奖。同年,他还获得了丹麦的索宁奖。

21. **Scientific Revolution 科学革命** 是由科学新发现和新科学理论所引发的知识体系的根本变革。第一次科学革命以哥白尼的"日心说"为代表,所以又称哥白尼革命,初步形成了与中世纪神学与经验哲学完全不同的新兴科学体系,标志着近代科学的诞生。后经开普勒、伽利略,特别是牛顿为代表的一大批科学家的推动,建立了近代自然科学体系。科学革命本质上是科学思维方式的革命,是人类对客观世界认识的质的飞跃,它对社会发展的积极影响表现在两个方面。一方面,在新的科学理论的基础上,产生了新技术、新工具和新工艺,从而使社会生产力发展到新的阶段。另一方面,科学革命所孕育的科学新思想、新科学思维方式和新的科学精神作为巨大的文化力量深刻地影响着人的精神生活和社会文化进步。在人类社会发展的历史上,科学革命常常是社会革命的先导。

22. **Skepticism 怀疑论/怀疑主义** "怀疑论"一词作为一个哲学概念有其特定的含义,即以克服独断论为目的,以人类在一定时期所得到的认识为反思对象,以人类特有的哲学思辨、概念思维能力为基础,经过艰辛的探讨而形成的对客观世界、客观真理的存在与可知性表示怀疑的哲学学说。怀疑论者被尊称为"探索者""研究者""爱智者"或"哲学家"。怀疑论可以说贯穿哲学始终,一般认为有三个发展阶段:古代怀疑论（或称皮浪主义）、近代怀疑论以及现代怀疑论。怀疑论最早产生于古希腊,奠基人是古希腊哲学家皮浪。他们认为凭感觉和理性得来的知识是不可靠的,客观世界是不能认识的,主张对客观事物不作任何判断,对现实生活不要关心,以此保持内心的宁静。欧洲文艺复兴时期,怀疑主义的代表人物是法国的蒙台涅和培尔。他们以怀疑论为武器,批判经院哲学和宗教道德,反对中世纪的迷信和偏见。到了近代,怀疑主义则以不可知论的形式出现在休谟和康德哲学中。现代怀疑主义以"后现代主义"这一特定形式表现出来,它是人类对自身生存焦虑的理论表达。

23. Spinoza,Baruch 巴鲁赫·斯宾诺莎(1632—1677)　西方近代哲学史重要的理性主义者,与笛卡尔和莱布尼茨齐名。斯宾诺莎出生于阿姆斯特丹一个从西班牙逃往荷兰的犹太家庭。年轻时进入培养拉比的宗教学校,在艰难的生活条件下坚持哲学和科学研究,他的思想以通信方式传播到欧洲各地。斯宾诺莎主要著作包括《笛卡尔哲学原理》《神学政治论》《伦理学》《政治论》《知性改进论》等。他开创了用理性主义观点和历史的方法系统地批判圣经的历史,考察了宗教的起源、本质和历史作用,把唯理论与唯物主义和泛神论结合起来,较系统地建立了近代西方无神论史体系。这种特征的学说被后世哲学家称为"斯宾诺莎主义"。

24. Trinity College,Cambridge 剑桥大学三一学院　剑桥大学最辉煌、最骄傲、最具实力的学院之一,由英国国王亨利八世于1546年所建,前身是1324年建立的迈克尔学院以及1317年建立的国王学堂。其名称与宗教有着千丝万缕的关系。三一是三位一体的意思,指圣父(耶和华)、圣子(耶稣)、圣灵(上帝降赐生命和感化人心的精神力量)。在圣经中这三圣象征着强大、神圣、无形的力量。三一学院拥有全剑桥大学中最优美的建筑与庭院,大门之内是方形的巨大庭院,中间是一座皇冠状的百年喷泉,四周矗立着一座座巨庭,呈现宏伟的哥特式建筑风格。这里的一草一木、一砖一瓦似乎都传达着剑桥的育人理念。院里那棵六十多年前从牛顿家乡移植过来的著名的苹果树,就用来提醒剑桥人——你不知道苹果何时掉落,科学研究需要灵感一现,但是更多的时候需要漫长等待。在学术成就上,这里因出过32位诺贝尔奖得主,培养出了一批又一批伟大智者而声名显赫。著名的校友包括牛顿、培根、拜伦、怀特海、罗素、维特根斯坦等。

25. the United States Bill of Rights《美国权利法案》　美利坚合众国宪法前十条修正案的统称。《权利法案》的提出是为了缓解那些反对批准宪法的反联邦党人的担忧,保障个人自由,限制政府的司法和其他权力。《权利法案》列举了宪法正文中没有明确表明的自由和权利,如宗教自由、言论自由、新闻自由、集会自由、保留和携带武器的权利,不受无理搜查和扣押的权利,个人财物搜查和扣押必须有合理颁发的搜查令和扣押状的权利,只有大陪审团才能发出死刑或其它"不名誉罪行"的起诉书,保证由公正的陪审团予以迅速而公开的审判,禁止双重审判等。此外,法案还规定宪法中未明确授予联邦政府、也未禁止各州行使的权力,保留给各州或人民行使。起初这些修正案仅针对联邦政府有效,在第十四条修正案通过后,联邦最高法院通过一系列统称合并原则的进程将《权利法案》中的大部分条款应用到各州。这些条款受到了乔治·梅森1776年的弗吉尼亚《权利法案》、英国的 1689 年《权利法案》和诸如 1215 年《大宪章》在内英国早期政治文献的影响。

26. Voltaire，伏尔泰（1694—1778）　原名弗朗索瓦-马利·阿鲁埃，伏尔泰是笔名。法国启蒙思想家、文学家、哲学家，18 世纪法国资产阶级启蒙运动的倡导人和巨擘，毕生致力于揭露和打击黑暗的封建制度与宗教统治。他的成就和影响使他成为世界上永垂不朽的名人之一，被誉为"法兰西思想之父""法兰西最优秀的诗人""欧洲的良心"。在思想上，伏尔泰反对君主制度，提倡自然神论，批判天主教会，主张言论自由，信奉自然权利说，要求人人享有自然权利，主张法律面前人人平等。作为启蒙运动时期的思想家，伏尔泰反映上层资产阶级的利益，主张开明君主制。他在文学、史学、哲学、自然科学和政治等方面写了大量著作。主要哲学和科学著作包括《哲学通信》《形而上学论》《牛顿哲学原理》，戏剧包括《恺撒之死》《穆罕默德》《放荡的儿子》《海罗普》，哲理小说《查第格》等。伏尔泰与托马斯·霍布斯、约翰·洛克一道，对美国革命和法国大革命的主要思想家均产生了深远的影响。伏尔泰于 1743 和 1746 年分别当选为英国皇家学会会员和法兰西学院院士。1778 年 2 月 10 日，84 岁的伏尔泰回到阔别 29 年的巴黎后不久便病倒了，同年与世长辞。伏尔泰死后，仍然受到教会的迫害，他的遗体不得不秘密地运往外省，直到 1791 年法国大革命期间，遗体才运回首都，安放在巴黎先贤祠中，永远受到世界各国人民的凭吊和瞻仰。

27. Wolff，Christian 克里斯蒂安·沃尔夫（1679—1754）　德国博学家、法学家、数学家、启蒙哲学家。沃尔夫 1707 年担任布勒大学数学及哲学教授，由于受到神学家的攻击被德皇腓特烈·威廉一世驱逐。在腓特烈二世即位后他被召回，担任柏林大学副校长。沃尔夫的哲学是与莱布尼茨联系在一起的，他将莱布尼茨哲学系统化，因而也被称为莱布尼茨—沃尔夫哲学。在德国，这一哲学在康德之前一直占统治地位。他是首位将哲学本地化的人和第一个用德语进行哲学创作的思想家。另外，沃尔夫推崇中国哲学。1721 年 7 月他在哈勒大学作了一场关于中国哲学的讲演（名为"中国的实践哲学"），分析对比儒学与基督教的异同，并极力赞美儒教，认为它可以弥补基督教的不足，这一举动对欧洲了解孔子思想起了极大的推动作用。

第七单元

浪漫主义与现实主义

课前导读

在学习本单元内容前,请思考以下问题:

- 对浪漫主义有何了解,何为超验主义,如何理解现实主义?

- 知道哪些浪漫主义或现实主义诗人、小说家、艺术家或音乐家?与小组同学进行互动讨论分享相关知识。

- 对歌德私人生活了解多少?请与小组成员讨论有关歌德的信息等。

文化概览

欧洲浪漫主义

大约在1789年到1850年间,西方文明史上出现了浪漫主义,它是与"启蒙时代"重社会秩序、推理和逻辑等理性主义价值观相反的一种艺术、文学和学术思潮。这个时期的重点转移到了个人在世界中的经验以及每个人对此经验的理解,而不是宗教或传统留传下来的理解。

该思潮源于德国狂飙运动,颂扬直觉和情感,反对"启蒙时代"的理性主义价值观。此外,法国大革命(1789—1799)及其意识形态是浪漫主义产生的背景。

浪漫主义一词诞生于19世纪40年代的英国,但浪漫主义运动在18世纪末期就已开始,主要体现在文学和艺术领域。在英国,1798年威廉·华兹华斯和塞缪尔·泰勒·柯勒律治的诗歌合集《抒情歌谣集》的正式出版开启了浪漫主义时期。珀西·比西·雪莱、约翰·济慈和乔治·戈登·拜伦进一步奠定了英国浪漫主义的基础。法国浪漫主义的先驱是伟大作家维克多·雨果,代表作为《巴黎圣母院》。虽然浪漫主义跨越国界,但它在德国格外盛行,尤以艺术家歌德,思想家黑格尔,音乐家瓦格纳等为领军人物。

浪漫主义文学、视觉艺术和音乐极力宣扬个人主义、主观主义、非理性主义、想象力、情感和自然——情感凌驾于理智之上,感觉凌驾于智力之上。浪漫主义通常有以下典型特征:

热爱自然

浪漫主义者极其重视自然的重要性以及自然的崇高美所产生的最初的敬畏、忧虑和恐惧。这主要是因为工业革命将人们的生活阵地从静谧的乡村转移到嘈杂的城市,改变了人类的自然秩序。自然不仅因其视觉之美被欣赏,同时也因它有助于城市人寻找到内心真实的自我而受到崇敬。

情感超越理性

与启蒙主义时期所专注的理性和智力不同,浪漫主义将人类情感、感觉、本能和直觉置于一切之上。启蒙主义时期的诗人提倡理智与逻辑,而浪漫主义作家则依靠他们的情感和感觉进行诗歌创作。歌德赞扬情感与感觉,宣称"感觉就是一切"。威廉·华兹华斯认为诗歌应该是"强烈感情的自然流溢"。这种对情感的重视影响了当时的音乐创作,这点在音乐家理查德·瓦格纳、路德维希·凡·贝多芬和罗伯特·舒曼等人的作品中均有所体现。

个人主义

浪漫主义另一个重要的特点就是个人主义,即关注每个人的独有特质。浪漫主义者渴望遵从内心的驱使,反抗中产阶级的社会习俗。年轻的浪漫主义者留长发、蓄胡须和穿着稀奇古怪的服装来强化他们试图表现的个人主义。

超自然因素和中世纪怀旧

浪漫主义文学的另一特征是喜欢使用超自然元素。浪漫主义者对超自然颇有兴趣,并将其运用到他们的作品中。除此之外,很多浪漫主义者展现出了对过往的中世纪时期的强烈兴趣。艺术家以哥特式的废墟和建筑为绘画题材,建筑师在建造公共和私人建筑上模仿哥特式风格。哥特式建筑的复兴使欧洲的乡村处处可见模仿中世纪的城堡,城市处处耸立着新哥特式那高大宏伟的教堂、市政厅、议会大厦,甚至火车站。

(Based on Western Civilization: A Brief History. By Jackson J. Spielvogel, 7th ed. Wadsworth Cengage Learning, 2011: 456—457)

美国浪漫主义

"世界由自然和灵魂组成。精神无所不在。自然是精神的象征。"
这段话引自拉尔夫·瓦尔多·爱默生作品《论自然》,它表达了新世界盼望听到的新声音,也是对美国浪漫主义趋势的准确描述。
欧洲浪漫主义运动在19世纪初期传播到美国。和欧洲浪漫主义者一样,美国浪漫主义者崇尚自然、想象、情感和个人主义，反对形式、秩序和权威。然而，他们在其中添加了美国色彩展示出独有的特点，这就是后来的美国超验主义。超验主义发展于19世纪30年代和40年代的新英格兰地区，本质上是浪漫理想主义，同时也是一场文学、政治、哲学和思想运动。

拉尔夫·瓦尔多·爱默生(1803—1882)，美国文学家、教育家和诗人，超验主义运动的倡导者。在他诞生前22年，美国脱离英国统治，获得政治独立，然而并未赢得文化上的独立，而是仍然照搬其他国家，尤其是西欧国家的传统。爱默生希望寻求文化上的进一步独立，此外他对当时物质至上的生活感到不满。因此，1836年9月8日，他与其他几位学者在马萨诸塞州堪布里奇市创立了超验主义俱乐部。这一思潮的兴起，是出于对当时美国社会和文化的不满，特别是哈佛大学的理性主义学风以及哈佛神学院所倡导的唯一神论。爱默生逐渐脱离了同龄人的宗教和社会信仰，形成了超验主义哲学，该思想在他1836年出版的散文著作《论自然》中表现无遗。《论自然》的出版通常被视为是一项具有开创性的工作同时也是转折点。书中的观点推动美国浪漫主义进入一个新阶段，即新英格兰超验主义阶段。它是美国浪漫主义的巅峰，对美国的知性思维有着深刻影响。

超验主义主要强调精神或超灵，认为它们是世界上最重要的。超灵是上帝赋予的一种无所不能、无所不在的力量，滋生万物，是万物之本。它在自然和人类身上同时存在，是宇宙的主要组成部分。

此外，超验主义对自然有全新的看法，将其视为精神或上帝的象征。对他们而言，自然并不是单纯的物质，它是鲜活的，存在着无所不能的上帝。自然是超灵的表象。因此，它对人类内心有着积极影响并具有修复作用。正如艾默生在《论自然》一书中提到的："重返自然，沉浸其中，感受它的影响，你会在精神上重新变得完整。"其含义就是自然界中的事物具有象征性，而物质世界是精神的象征。

此外，超验主义强调个人主义和自立的重要性。对他们来说，个体是社会中最重要的元素。社会的复兴只能通过个人的改造来实现，因此个人生活的第一要旨就是自我学习，自我改进，自我完善，而不是疯狂地追求富裕的物质生活。理想形式下的人应该是独立自主的个体。爱默生和亨利·戴维·梭罗告诉人们如果想努力进行精神完善，就必须依靠自我。在他们看来，个人的灵魂与超灵紧密相连，因此也是神圣的。在一次题为"自立"的演讲中爱默生告诉观众："相信你自己的想法，要相信你的内心告诉你正确的事对人类来说也必然是正确的。"爱默生说，这个社会促使我们小心行事，而这限制了我们行动的自由："表示认同总是很容易，"以及"然而没有什么比思想上的独立更加神圣。要让别人认识到自己的价值，不留遗憾。除了自己没有什么能带给你平静"。

爱默生宣扬自主和自立的新型自由言论使他成为真正美国精神的开拓者。爱默生的思想为美国浪漫主义奠定了基础，对美国人民的生活有着长久的影响，该影响一直持

第七单元 浪漫主义与现实主义

续至今。他们深信,个体灵魂因与超灵的交流而变得神圣。

(Based on http://en.wikipedia.org/wiki/Transcendentalism)

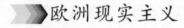

欧洲现实主义

从字面上看,现实主义常常与某种现实的形式相关,并根据该词的语境呈现出不同的含义。文学上的现实主义或现实主义文学是其中一种显著的形式。它起始于19世纪的俄国文学,并在其他西方国家一直延续至19世纪末、20世纪初。现实主义文学惯于描写当代生活和社会原貌。本着现实主义的精神,现实主义作家笔下描绘的是日常生活和经历,而不是呈现浪漫的或类似非写实的东西。

现实主义于19世纪在俄国出现,比其他任何欧洲国家都早,并采用了一种更为经典的形式。列夫·尼古拉耶维奇·托尔斯泰(1828—1910)被视为世界上最伟大的现实主义小说家之一。《战争与和平》首次出版于1869年,被公认为史上最伟大的小说之一,同时也是现实主义小说的巅峰之作,因其戏剧性的广度和统一性而为人们所知。这部小说围绕着法国入侵俄国这一历史,生动详尽地描摹了该历史事件,以及拿破仑时代对沙皇社会的影响。这些都是通过五个俄国贵族家庭的视角展现出来的。这部卷帙浩繁的巨著共包括580个人物,其中很多都是历史人物。故事发生的场景从法庭到战场,从家庭生活到拿破仑总部。

奥诺雷·德·巴尔扎克(1799—1850)被视为欧洲文学现实主义的创始人之一。他所著的《人间喜剧》既是一座独一无二、展现个人天才的文学丰碑,也是那个时代的里程碑,这都源于他对法国社会的敏锐洞察力和多卷本的全景化描绘。1832年,巴尔扎克产生了一个想法,要创作一部大型系列书籍试图对"社会的方方面面"做一个全景化的描写。想到这里,他跑到他妹妹那里宣布:"我即将成为一个天才。"而事实证明他是对的。在《人间喜剧》中,巴尔扎克对法国社会丢失革命前的道德品质感到惋惜遗憾,因为他所处的社会充满着铜臭味。他挖苦那些富有才华却出身贫寒的年轻人意图在社会中取得成就。他对贵族世袭制和渴望获得高位的拥有高贵血统的人们也极力讽刺。他揭露了这个邪恶腐化的社会中人们之间的冷漠和无动于衷。他创造的人物都极为生动典型,给人留下深刻印象。《高老头》中高老头这一人物形象作为拜金主义的代表已深深印刻在读者心中。

英国维多利亚时期(1837—1901)见证了现实主义小说的繁荣。由于工业化进展迅速,诸多社会、政治和经济问题也随之而来。例如,政府滥用职权,工业丑恶横行,穷苦人民生活在水深火热中,未能从英国繁荣经济中获得利益。英国小说家通过小说来揭露社会的黑暗和资本主义中产阶级的堕落,以期能引发社会对贫苦工人阶级的同情,促使改革。查尔斯·狄更斯(1812—1870)就是这样一位作家。19世纪30年代他开始在英国文坛崭露头角,驰骋并主导了维多利亚前期的文坛,被认为是英国最伟大的现实主义小说家之一。在他的一生中,他观察街上的情形,描写伦敦穷人的现实生活状态。像《雾都孤儿》这样的故事鼓励人们敦促议会修改法律保护穷人。

(Based on http://en.wikipedia.org/wiki/Literary_realism
http://en.wikipedia.org/wiki/Leo_Tolstoy
http://en.wikipedia.org/wiki/Honor%C3%A9_de_Balzac
http://en.wikipedia.org/wiki/Victorian_literature)

文化背景知识

1. **Balzac,Honoréde 奥诺雷·德·巴尔扎克**(1799—1850) 19世纪法国著名现实主义文学作家,代表作为《人间喜剧》。巴尔扎克打破了法国传统小说的局限,拓宽了小说的故事格局、题材和艺术手法。在题材上,写尽人间百态,展现出一幅包罗万象的社会全景图;在艺术手法上,借鉴了其它艺术形式,比如绘画、戏剧、造型、史诗等,并将这些融入小说创作中。巴尔扎克对法国现实主义文学的贡献还在于对典型人物与社会风俗出神入化的描绘,生动再现人物性格在社会环境中的发展与变化。他笔下的典型人物,如葛朗台、拉斯蒂涅、高老头、伏托冷等无一不成为文学史上刻画资产阶级代表人物的模版形象,对后来的现实主义文学有着深远的影响。

2. **Beethoven,Ludwig van 路德维希·凡·贝多芬**(1770—1827) 德国古典音乐作曲家,钢琴演奏家。一生共创作了1部歌剧、2部弥撒、35首钢琴奏鸣曲、9首编号交响曲、10部小提琴奏鸣曲、16首弦乐四重奏等。其作品对后世音乐事业的发展有着深远影响,被尊称为"乐圣"。贝多芬1770年12月16日生于波恩,五岁时患耳炎未愈导致成年后耳聋。他8岁便初次登台演出。1787年前往维也纳,拜莫扎特为师。两年后进入波恩大学学习,接受启蒙运动和法国大革命思想的洗礼。1795年在维也纳举办首场音乐会,大获成功,此后声名鹊起。1800年之后贝多芬基本耳聋,至1827年3月26日因肝硬化去世前,他创作了很多著名的作品,包括《月光奏鸣曲》(1801)、《第四交响曲》(1806)、《第五交响曲》(1808)、《第九交响曲》(1822)等。

3. **Byron,George Gordon 乔治·戈登·拜伦**(1788—1824) 英国浪漫主义诗人。诗路广阔,擅长讽刺。拜伦因小儿麻痹症右脚跛行,使其一生身心备受压力。尽管如此,拜伦仪表堂堂,以英俊潇洒著称。因世袭其伯祖父的男爵爵位,人称"拜伦勋爵"。1805年拜伦入剑桥大学专攻文学和历史,深受启蒙思想家伏尔泰、卢梭影响,大学期间开始创作诗歌,1807年出版处女作《懒散的时刻》,1809年创作长诗《英国诗人和苏格兰评论家》,使他在英国诗坛初露锋芒。1809年大学毕业,拜伦开始游历欧洲长达三年之久,此番经历开阔了诗人的政治视野,丰富了写作素材。其代表作品有长诗《恰尔德·哈罗德游记》《唐璜》等。在诗歌里他塑造了一批"拜伦式英雄"。在投身希腊民族独立战争中拜伦感染风寒,于1824年4月19日病逝于希腊军队帐中,年仅36岁,希腊政府为其举行了隆重的国葬。

4. **Coleridge,Samuel Taylor 塞缪尔·泰勒·柯勒律治**(1772—1834) 英国浪漫主义杰出代表,"湖畔派诗人"之一。柯勒律治1797到1798年间居住在英格兰西南部萨默塞特郡。此地被认为是英国浪漫主义的发源地,因为诗人在此与华兹华斯合作了《抒情歌谣集》,于1798年发表,宣告了英国浪漫主义的开始。该歌谣集第一首便是诗人的音乐叙事长诗《古舟子咏》,结构简洁,语言朴素,讲述了一名水手在航海中杀死象征好运的信天翁后悔罪与赎罪的心理。另一代表作《忽必烈汗》是诗人1797年仲夏吸食鸦片入睡梦醒后挥笔而就,原本打算写三百行左右,然因不速之客造访思绪中断,难以回忆梦中之境,故全诗残篇共57行,讲述了元世祖忽必烈可汗在上都修建宫殿的传奇故事。

5. **Dickens, Charles 查尔斯·狄更斯**(1812—1870) 英国维多利亚时期最伟大的现实主义小说家。在三十多年的创作生涯中,狄更斯共写了15部长篇小说,如《雾都孤儿》《大卫·科波菲尔》《双城记》《远大前程》等,以及许多中短篇小说、游记、随笔、诗歌、时事评论、戏剧等。狄更斯擅长以高超的艺术手法,尖酸刻薄的讽刺笔调,反映现实生活,揭露、批判资本主义社会的肮脏,宣扬惩恶扬善的人道主义精神,塑造出众多令人难忘的人物形象。作家身前身后名声斐然,近两个世纪以来其代表作风靡全球,历久不衰,为英国文学乃至世界文学做出了卓越的贡献。

6. **Emerson, Ralph Waldo 拉尔夫·瓦尔多·爱默生**(1803—1882) 19世纪美国著名哲学家、诗人、散文作家、英格兰超验主义的首倡人物。他因卓越的思想和文化贡献在美国殊誉满堂,被美国总统林肯称为"美国精神的先知""美国的孔子"。1835年9月,爱默生与志趣相投的知识分子建立"超验俱乐部",1836年9月出版了处女作《论自然》,成为超验论哲学的基本原则,推动美国浪漫主义文学发展到一个更新、更成熟的阶段。1837年爱默生著名的演讲辞《美国学者》宣告美国文学已脱离英国文学而独立,被誉为美国思想文化领域的"独立宣言"。1838年他受邀在哈佛大学神学院毕业典礼上致词,认为耶稣是人而非神的评论震惊了整个新教徒的社会。1846年成为了美国艺术与科学院院士,1866年获得哈佛大学荣誉法学博士学位。爱默生在美国文化与文学史上的最大的功绩在于,他坚决主张建立独立的民族文化与文学,宣扬新大陆的精神独立,被誉为美国文化精神的代表人物。

7. **Enlightenment 启蒙运动** 又称理性时代("The Age of Reason"),17至18世纪发生在欧洲、以推崇"理性"、怀疑教会权威和封建制度为特点的文化思想运动,覆盖了自然科学、哲学、伦理学、政治学、经济学、历史学、文学、教育学等知识领域。该运动目的在于用"理性之光"引导世界走出充满着传统教义、非理性、盲目信念和专制的黑暗时代,迈向光明。启蒙运动同时也为美国独立战争与法国大革命提供了框架,导致了资本主义和社会主义的兴起。其代表人物有孟德斯鸠、伏尔泰、狄德罗、卢梭、康德、霍布斯、洛克等。

8. **French Revolution 法国大革命**(1789—1799) 从1789年攻占巴士底狱起至1799年拿破仑上台历经十年。这一期间,法国自由主义民众和政治组织义愤填膺,不断

第七单元 浪漫主义与现实主义

冲击曾经的贵族和宗教特权阶级,反对并推翻统治法国几百年的绝对君主制与封建制度,重新规划法国的政治蓝图。法国革命发生的重要原因是:数年灾难性战争的花费和国内无节制的开销使法国王室的财政至1789年已经崩溃,与此同时,高昂的食品价格和食物短缺又进一步加速了经济危机。国王路易十六则通过改革皇室、创造税收的方式竭力增加个人收入。1789年5月5日,在国王试图要增加税收并强化对国内事务的控制之后,法国议会在凡尔赛宫召开了会议,试图以宪法的形式对局势加以控制。议会内部的分歧致使第三等级(普通民众)在6月17日成立了国民议会,路易十六采取的镇压措施终于导致巴黎民众在1789年7月14日进攻巴士底狱,此举标志着法国大革命的开始。1791年6月,国王试图逃走,但遭到了逮捕并被押送回巴黎。国王在三个月后签署了新的宪法,标志着王室绝对权力的结束和旧制度的终结。1792年9月22日法兰西第一共和国成立。1793年1月21日,路易十六被处决。温和派于6月2日被雅各宾派推翻。1794年7月27日发生热月政变,雅各宾派统治被推翻,标志着法国大革命中市民革命的结束。之后法国建立了督政府,直至1799拿破仑发动雾月政变夺取政权,成为独裁者。自此法国大革命结束,进入拿破仑时代。与1775年美国爆发的独立战争一样,法国大革命亦是受到了启蒙运动思想、尤其是三权分立,天赋人权,自由、平等、博爱等新原则的鼓舞。法国大革命被认为是近代一场伟大的民主革命,对于法国乃至全欧洲甚至全世界都留下了深远的影响。

9. **Goethe, Johann Wolfgang Von 约翰·沃尔夫冈·冯·歌德**(1749—1832)
德国著名诗人,欧洲启蒙运动后期最伟大的作家,青年时代为狂飙运动的代表人物,集文学、艺术、自然科学、哲学、政治学等成就于一身,写有不同体裁的大量文学著作。代表作品为诗剧《浮士德》,小说《少年维特的烦恼》等。《少年维特的烦恼》讲述少年维特不幸的爱情故事,最终以自杀告终。《浮士德》是歌德的毕生力作,构思与写作历经60年,逝世前一年才最后完成。《浮士德》堪称欧洲与世界文学史上最具价值和影响力的作品之一,是启蒙主义文学的压卷之作,同《荷马史诗》、但丁的《神曲》和莎士比亚的《哈姆雷特》一样被誉为"名著中的名著",奠定了歌德在文学上的崇高地位。歌德的爱情罗曼史向来为人们津津乐道。其一生中只结过一次婚,却与许多女人有着浪漫的爱情关系,这些为他128部伟大作品提供了灵感来源。歌德1832年3月22日病逝,享年83岁,其著名遗言为:"多些光!"

10. **Gothic Architecture 哥特式建筑** 1140年左右产生于法国的欧洲建筑风格,在中世纪鼎盛期和晚期盛行于欧洲,持续至16世纪,在建筑史上占有重要地位。主要表现在教堂建筑中。"哥特"是北欧的一个日耳曼语系游牧民族,在拉丁文中是"野蛮"的意思。文艺复兴时期的建筑家在复兴古典文化的同时尖锐地批评了中世纪以尖拱作为主要特征的建筑形式,称其为野蛮人的建筑——哥特式建筑。哥特式建筑的特点是尖塔高耸、尖形拱门、大窗户及绘有圣经故事的花窗玻璃。通过这些卓越的建筑技艺,展现哀婉、崇高、神秘之强烈情感,强调建筑比例、光与色彩的美学体验,重视光的形而上学的沉思,让灵魂超脱世俗束缚,迎着神恩之光飞向天国。哥特式建筑主要见于天主教堂,也影响到世俗建筑。世界著名的哥特式建筑有俄罗斯圣母大教堂、意大利米兰大教堂、德国科隆大教堂、英国威斯敏斯特大教堂、法国巴黎圣母院以及凯旋门等。在中国,有北京西什库教堂、上海徐家汇天主教堂、天津望海楼教堂、广州石室圣心大教堂、台北市圣母无原罪主教座堂、香港圣约翰座堂、天津西站老站房、济南老火车站等。

11. Hegel, George Friedrich Wilhelm 黑格尔(1770—1831) 著名德国古典唯心主义哲学家。在客观唯心主义基础上提出了系统的辩证法理论,其哲学成为马克思主义哲学的理论来源之一。主要著作包括《逻辑学》《哲学全书》《法哲学原理》和《历史哲学》等。黑格尔的思想在德国哲学史上承前启后,兼具保守主义与自由主义两者之要义,象征着19世纪德国唯心主义哲学运动的顶峰。他对现实做历史主义和唯心主义的描述革新了欧洲哲学,对后来的欧洲大陆哲学、马克思主义和历史主义都影响深远。

12. Hugo, Victor 维克多·雨果(1802—1885) 法国作家,法国浪漫主义文学运动领袖。雨果一生历经十九世纪法国所有的重大事变,著作等身,几乎涉及文学所有领域,创作包括诗歌、戏剧、小说、文艺评论、散文和政论文章等。主要作品有:戏剧《克伦威尔》(其序言象征着法国浪漫主义的开端)和《爱尔那尼》(该剧首演被认为是法国浪漫主义对古典主义彻底胜利的标志);小说《巴黎圣母院》(法国浪漫主义小说代表)、《笑面人》(标志作家朝现实主义发展)、《悲惨世界》(创作时间最长,最能反映雨果思想观点和文学手法)、《九三年》(雨果最后一部小说);诗歌《惩罚集》等。因其对法国文学做出巨大贡献而备受法国人民爱戴。1885年5月22日,雨果死于肺炎,享年83岁,葬于聚集法国名人纪念牌的"先贤祠"。

13. Intellectualism 理智主义 理智主义通常等同于理性主义(Rationalism),认为知识是纯粹理性的产物,源自理性和推理;现实的最高原则为理性,理性高于或独立于人的感官感知。理智主义在17至18世纪被极力推崇,是启蒙运动的哲学基础。

14. Keats, John 约翰·济慈(1795—1821) 英国浪漫主义诗人。从小家境贫寒,八岁丧父,十三岁丧母,与兄弟姐妹由外祖母抚养。曾师从邻居药剂师托马斯三年,后考入伦敦大学国王学院医学院。然而济慈热爱诗歌文学,不到一年便弃医从文,专注诗歌创作。1817年出版第一部诗集《诗歌》。此后,陆续发表了新诗集《恩底弥翁》。济慈诗歌的一个鲜明特点便是善用"感官意象"描绘景象和事物的外貌,表现景物的色彩感和立体感;重视写作技巧,语言追求华美,对后世抒情诗的创作影响极大。著名作品有《夜莺颂》《希腊古瓮颂》《秋颂》等。济慈的诗篇充满了乐观情绪,完美体现了西方浪漫主义诗歌特色,被人们推崇为欧洲浪漫主义运动的杰出代表。1821年2月23日济慈因肺结核在意大利罗马逝世,年仅26岁。

15. *La Comédie Humaine*《人间喜剧》 法国19世纪批判现实主义作家巴尔扎克的巨著,共包括长、中、短篇小说和随笔等91部,书中人物刻画达2400多个,全面反映了19世纪法国的社会生活,被认为是一部法国社会风俗史,法国当时社会的"百科全书",人类文学史上罕见的文学丰碑。巴尔扎克1841年开始计划该宏伟创作,原定写137部小说,然而到作者逝世时,只完成了91部。《人间喜剧》分为三大部分:《风俗研究》《哲理研究》《分析研究》。其中内容最为丰富的是《风俗研究》,又可细分六大类:《外省生活场景》《私人生活场景》《巴黎生活场景》《乡村生活场景》《政治生活场景》《军队生活场景》。巴尔扎克命名《人间喜剧》是受但丁长诗《神圣喜剧》即《神曲》的启发。《人间喜剧》中最有名的篇章有《高老头》《欧也妮·葛朗台》《烟花女荣辱记》《幻灭》等。

16. *Le Père Goriot*《高老头》 巴尔扎克1835年的作品,收录于《人间喜剧》中的《私人生活场景》中。该小说最初以连载的方式刊登,是巴尔扎克对19世纪初法国社会拜金主义最深刻的描述及抨击。故事讲述了曾经为面粉商的让·乔基姆·高立欧,即高老头,家财万贯,不惜金钱,一心想让两位美若天仙的女儿阿纳斯塔西和苔尔费纳踏入豪门。女儿出嫁,嫁妆达80万法郎,震惊当时整个法国社会。然而两位女儿却只惜金钱,不讲亲情,在父亲金钱日薄之季,双双将其赶出家门。该小说同时还讲述了其他人物事件,比如拉斯蒂涅和通缉犯伏脱冷,讲述了他们如何拜金。因此,作家创造了"Rastignac"(拉斯蒂涅)这一个法语词,来指代那些巴结权贵而不择手段攀高枝的人。

17. *Nature*《论自然》 爱默生超验主义的代表作品,出版于1836年。集中反映了超验主义的思想与理论,被誉为超验主义的奠基之作,美国"自然文学"的精神宝库。《全书由《前言》和《自然》等8章组成,每一章都从不同的角度探讨了人与自然的关系,比如人类对自然的基本生存需求、审美需求、与自然界中他人的交流需求,以及对世界的不同学科认知需求等。该作品对超验主义运动产生了深远的影响。

18. *Oversoul* 超灵 在超验主义中代表了宇宙中的精神本质或生命力,包含所有的灵魂,从而超越了个人意念的范围。这一概念主要源自爱默生的1841年出版的散文《超灵论》。超灵是爱默生哲学的支柱,包含了爱默生对世界本原的根本看法。爱默生视宇宙为统一体,超灵就是统辖宇宙的唯一心灵,唯一意志,万物从中产生并相互关联。"灵"指的是世界的精神本质;"超"是指灵魂的超验性质,它高于物质,高于感觉。"超"还含有灵的渗透性和超越性。爱默生的超验主义主张人能超越感觉和理性而直接认识宇宙的真谛或灵魂,而只有服从这一无处不在、无所不能的灵魂,人才可能达到超越。

19. *Oliver Twist*《雾都孤儿》 英国著名现实主义小说家查尔斯·狄更斯的第二部作品,于1838年由理查德·宾利出版。与狄更斯其他小说类似,该书披露伦敦孤儿的悲惨生活,以及当时的社会丑恶现象,如童工、救济院、帮派诱骗青少年参与犯罪等,试图唤起大众的关注。狄更斯善用讽刺和黑色幽默的手法来嘲讽虚伪的社会。故事讲述了孤儿奥利弗·特维斯特在济贫院的悲惨经历、在殡仪馆的遭遇,以及后来在伦敦被威逼利诱行窃未遂遭逮捕,幸遇好人保释并收留,过上幸福生活的故事。该小说曾多次被改编成电影、电视剧及舞台剧。

20. **Romanticism 浪漫主义** 18世纪末19世纪初在欧洲文学艺术界兴起的反对权威、传统和古典模式的运动。浪漫主义一词源于中世纪法语中的Romance,意思是"传奇"或"小说"。欧洲浪漫主义运动产生的历史背景简单来说是出于对启蒙运动"理性王国"的失望,对资产阶级革命中的"自由、平等、博爱"口号的幻灭,以及对资本主义社会秩序的不满。浪漫主义在欧洲主要国家的表现形式也多彩多样,德国是诗和音乐;英国是诗、小说和风景画;法国是绘画和雕刻。总体而言,浪漫主义具有以下艺术特点:注重表现主观理想,抒发强烈的个人感情;善于描写自然风光,歌颂大自然;酷爱描写中世纪和以往的历史;重视民间文学,尤其是中世纪的民间文学;语言通常热情奔放,想象瑰丽,手法夸张。

21. **Shelley, Percy Bysshe 珀西·比西·雪莱**(1792—1822) 英国著名浪漫主义诗人、小说家、哲学家、散文随笔和政论作家。其代表作品有诗剧《解放了的普罗米修斯》,诗论《诗的辩护》以及抒情诗《西风颂》《致云雀》《自由颂》等。1811年在牛津大学求学期间因散发小册子《无神论的必然》而被学校开除,其父劝其公开声明与该册子无关,但遭拒绝,父子因此反目成仇。1812年因反对英国强行合并爱尔兰携第一任妻子去都柏林支持爱尔兰天主教事业,并发表演说,散发《告爱尔兰人民书》。同年11月,雪莱在其政治热情的驱使下完成了富有哲理的叙事长诗《麦布女王》,抨击封建和资产阶级的不平等现象和宗教的伪善。1822年7月8日雪莱乘船途中遭遇暴风雨,船覆,溺水身亡,年仅30岁。

22. **Schumann, Robert 罗伯特·舒曼**(1810—1856) 德国作曲家、音乐评论家,19世纪德奥浪漫主义音乐的典型代表。1810年6月8日生于德国萨克森的小镇茨维考,早年兴趣在于文学创作;青年时期,父亲积极引导其走向音乐之路,23岁创作了第一部作品《交响练习曲》,之后两年又创作了《狂欢节》。1836年与其钢琴教师维克教授的女儿克拉拉结识,并不顾女方父母反对,四年后在莱比锡郊区结婚。此后舒曼在莱比锡音乐学院任教,并经常去其他地方演出,任乐队指挥。因精神抑郁,1854年曾投莱茵河自杀未遂,送波恩精神病院疗养。1856年7月29日因梅毒感染而死,享年46岁。舒曼钢琴作品诗性化,旋律极为热情,内敛而不虚华外烁,装饰音较少,继承贝多芬和舒伯特的和声理念,并追求独特多样的和声效果,使音乐富有飘浮性。作品有钢琴曲《蝴蝶》、声乐套曲《诗人之恋》《女人的爱情与生活》以及交响曲等。

23. **Sturm und Drang 狂飙运动** 亦称"狂飙突进运动",其名称来源于剧作家弗里德里希·克林格的戏剧"狂飙突进",指17世纪60年代中期到90年代中期在德国文学和音乐创作领域的变革,一般被认为是德国的早期浪漫主义。该运动有以下几个典型特征:第一,该时期的作家多数是市民阶级出身,以新兴市民阶层的德国青年作家为主;第二,他们崇尚感性认识、感性体验,言辞激烈,热情奔放,富有感染力;第三,主张"个性解放"、"自由",提倡"返回自然";第四,颂扬"天才"及其创造性的力量,反对启蒙运动的作家把道德观念抽象化,驳斥过分强调理性的观点,反抗社会、道德和美学的束缚;第五,具有鲜明的政治色彩,反抗当局,反抗贵族和神权的权力滥用,反对社会等级偏见,要求人权和社会自由平等。歌德是该运动的核心代表人物。

24. **Thoreau, Henry David 亨利·戴维·梭罗**(1817—1862) 美国作家,超验主义运动的代表人物,主张回归自然,代表作有散文集《瓦尔登湖》和《公民不服从论》。由于受朋友兼导师拉尔夫·沃尔多·爱默生的超验主义理论的影响,他于1845年7月4日离开家乡康科德城,到不远的瓦尔登湖畔次生林里,开始了一项为期两年又两个月零两天的简朴隐居生活。期间写就《瓦尔登湖》,记载了他在瓦尔登湖的隐逸生活。梭罗的大部分作品(散文、日记和诗集)践行超验主义的理论,阐述了研究环境史和生态学的方法,对美国自然书写文学和生态批评有着深远影响,为现代生态环境保护主义奠定了重要基础。其文体风格特点包含对大自然的关怀和个人体验、善感敏锐、富有诗意,以及象征手法和历史传说的运用。

25. **Tolstoy, Lev Nikolayevich 列夫·托尔斯泰**(1828—1910) 俄国现实主义小说家,被认为是世界最伟大的作家之一,被列宁称颂为具有"最清醒的现实主义"的"天才艺术家"。高尔基曾言:"不认识托尔斯泰者,不可能认识俄罗斯。"托尔斯泰出身于贵族家庭,1840年入喀山大学,受到卢梭、孟德斯鸠等启蒙思想家影响。1847年退学回故乡在自己领地上进行改革农奴制的尝试。1851年至1854年在高加索军队中服役并开始写作。1854年至1855年参加克里米亚战争。几年军旅生活不仅使他看到上流社会的腐化,而且为以后在其巨著《战争与和平》中能够逼真地描绘战争场面打下基础。主要作品长篇历史小说《战争与和平》(1869),以四大家族相互关系为情节线索,展现了当时俄国从城市到乡村的广阔社会生活画面,气势磅礴地反映了1805年至1820年之间发生的一系列重大历史事件,特别是1812年库图佐夫领导的反对拿破仑的卫国战争,歌颂了俄国人民的爱国热忱和英勇斗争精神,主要探讨俄国前途和命运,特别是贵族的地位和出路问题。小说结构宏大,人物众多,典型形象鲜活饱满,是一部具有史诗和编年史特色的鸿篇巨制。1873年至1877年历经12次修改,完成其第二部里程碑式巨著《安娜·卡列尼娜》,小说艺术已达炉火纯青。1889年至1899年创作的长篇小说《复活》是他长期思想、艺术探索的总结,也是对俄国社会批判最全面深刻、有力的一部著作,成为世界文学不朽名著之一。托尔斯泰晚年力求过简朴的平民生活,1910年10月从家中出走,11月7日病逝于一个小站,享年82岁。

26. **Transcendentalism 超验主义** 发源于19世纪30年代的新英格兰地区,其核心领导者是美国思想家、诗人拉尔夫·沃尔多·爱默生,并经过美国作家、哲学家亨利·戴维·梭罗等超验主义成员的不断发展,成为美国思想史上一次具有开拓性的思想解放运动,形成了以超验主义文学运动为核心的美国浪漫主义文学运动的高潮,出现了"美国文艺复兴"。其主要思想观点有三:首先,超验主义者强调精神,或超灵,认为超灵是一种无所不容、无所不在、扬善抑恶的力量,它存在于人和自然界内。其二,超验主义者强调个人的重要性,社会的革新只能通过个人的修养和完善才能实现。因此人的首要责任就是自我完善。其三,超验主义者认为自然界是超灵或上帝的象征,主张回归自然,接受它的影响,以在精神上成为完人。爱默生的名言"相信你自己"成为超验主义者的座右铭。其重要性在于打破此前美国文化受加尔文教的"命定论"、"人性恶"等教条的影响与束缚,为抒发个性、热情奔放的浪漫主义文学奠定了思想基础。

27. ***The Hunchback of Notre Dame*《巴黎圣母院》** 法国文学家维克多·雨果的第一部大型浪漫主义小说,出版于1831年1月14日。它奠定了雨果作为世界著名小说家的崇高地位。该小说以15世纪路易十一时代的巴黎为背景,情节主要围绕1482年巴黎圣母院中副主教(克洛德·孚罗洛),圣母院驼背敲钟人(加西莫多)和吉卜赛少女(爱丝梅拉达)的爱恨情仇展开。作者以极大的同情心描写了巴黎最下层的人民,充分运用浪漫主义的美丑对照手法,把善与恶、美与丑、崇高与卑下对照起来描写。加西莫多相貌丑陋,身体畸形,五官失灵,但道德高尚,行动勇敢,与人面兽心、龌龊歹毒的副主教克洛德形成鲜明的对照。爱丝梅拉达心地善良,纯真无邪,是美的化身。这种推向极端的美丑对照,绝对的崇高与邪恶的对立,使小说具有一种震撼人心的力量。该小说曾多次被改编成音乐剧、电影和电视剧。

28. **Unitarianism 独神论** 或称一位论派、唯一神论、一神论派,该教派否认耶稣基督的神性和三位一体,强调只有一位上帝,并非传统基督教所认为的上帝是圣父、圣子和圣灵统一体,即所谓的"三位一体"。早在公元4世纪后的尼西亚大公会议上对"独神论"与"三位一体"的观点进行了激烈的辩论,最终确立了"三位一体"为基督教正统思想,而任何对此观点提出异议的论调皆属异端邪说。到了16至17世纪的宗教改革期间,"独神论"再次出现,先在匈牙利和波兰出现,之后传播到英国、美国和其他地方,但很快遭到天主教的反对,任何支持这一论调的人和团体皆会被镇压、被捕、遭囚禁和处死。新教改革家马丁·路德、加尔文等皆不认可"独神论"。

29. **Wagner, Richard 理查德·瓦格纳**(1813—1883) 德国作曲家,19世纪欧洲最著名的浪漫派作曲家之一,世界歌剧和浪漫音乐的集大成者,毕生致力于歌剧的改革与创新。作品有歌剧《漂泊的荷兰人》《纽伦堡名歌手》《崔斯坦和伊索德》及歌剧四联剧《尼伯龙根的指环》等。《崔斯坦和伊索德》被认为是现代音乐的开始。瓦格纳1813年出生于莱比锡,6岁时父亲去世,母亲改嫁,之后在剧作家继父的艺术熏陶下,爱上音乐。作为一位影响巨大的歌剧改革家,他承前启后,继承莫扎特和贝多芬的歌剧传统,同时

第七单元 浪漫主义与现实主义

开启了浪漫主义歌剧作曲之潮流,提出了整体艺术的概念,整合了歌剧、剧场、诗歌及视觉艺术。

30. **Wordsworth,William 威廉·华兹华斯**(1770—1850) 英国著名浪漫主义桂冠诗人,与萨缪尔·柯勒律治、骚塞因隐居于英国西北部的昆布兰湖区而被称为"湖畔诗人",华兹华斯是湖畔派诗人中成就最高者。其作品讴歌大自然的湖光山色,抒发缠绵的爱情、歌颂纯真的友谊,缅怀中古淳朴的乡村生活,开创了新鲜活泼的浪漫主义新诗风。他于1798年与柯勒律治合作发表的《抒情歌谣集》成为英国浪漫主义文学的奠基之作;还写有长诗《序曲》《漫游》、组诗《露西》等。华兹华斯因其缅怀中世纪和宗法式的乡村和大自然生活,成为英国浪漫主义文学中清新温婉秀丽的代表,1843年被封为英国"桂冠诗人",1850年4月21日,诗人死于胸膜炎,葬于格拉斯米尔圣·奥斯瓦尔德教堂,享年80岁。

第八单元

现代主义与当代西方文化

课前导读

在学习本单元内容前，请思考以下问题：

- 你能否能区分现代、现代主义、现代化、现代主义者、现代性和后现代主义这些词语吗？
- 你了解哪些现代主义先驱思想家、诗人或小说家？
- 你知道弗洛伊德的理论吗？

文化概览

现代主义和现代主义运动

现代主义一词被广泛用来界定20世纪初期特别是一战(1914—1918)后在文学和其他艺术领域中主题、形式、概念和风格上与众不同的新特点。"现代主义"的具体特征因使用者的不同而变化,但很多评论家认为它具有一种有意识地与西方艺术,甚至整个西方文化传统根基完全背离的特征。就此种意义而言,现代主义重要的思想先驱是那些思想家们,他们对社会组织形式、宗教和道德赖以生存的传统模式的确定性以及人类自身的传统认知方式提出了质疑。这些思想家包括了卡尔·马克思、弗里德里希·尼采和西格蒙德·弗洛伊德等。现代主义运动涵盖了一系列在此时期兴起的文学、艺术、建筑和音乐领域的革命运动。

现代主义文学

现代主义文学尝试用意识流、内心独白以及多视角叙述等业已成熟的创新文学技巧诠释现实生活不断转变的观念。现代主义作家试图在形式、内容和表达方式上摆脱19世纪文学传统。他们意识到一个新的充斥着机械、建筑和科技的工业时代已经使人们永远脱离了田园生活,其结果通常就是对人类前景持悲观态度。现代主义作品中最常见的主题是寂寞和孤独(即使身处人口密集的城市),许多作者试图通过意识流的手法来表现这种孤寂感,该手法如实记录下一个人物连续不断的思绪过程。现代主义最著名的作家有欧内斯特·海明威、弗朗西斯·司科特·菲茨杰拉德、弗吉尼亚·伍尔芙、詹姆斯·乔伊斯和托马斯·斯特尔那斯·艾略特。

现代主义艺术

现代主义艺术并非一场统一的运动,而是包括多种"主义或流派"的总称,如后印象派、野兽派、立体主义以及后来的达达主义和未来主义。想脱离具象派艺术传统的渴望使他们同为一个阵营。为了践行自己的观点,他们摒弃了旧的视角、色彩和构图规则。当时的科学发现进一步强化了他们的观点，这些发现对"现实"世界的可靠性和感知的可信度提出了质疑。无论"现实"究竟如何，它较之上一代都变得更加难以确定。

很多艺术历史学家认为法国艺术家爱德华·马奈是第一位现代主义画家，而艺术中的现代主义起源于19世纪60年代。包括他的《草地上的午餐》在内的一些画作开辟了一个崭新的时代，原因之一便是其大胆的主题，一个裸体女郎和两个西装革履、衣冠楚楚的绅士一起野餐，令人震惊。文森特·梵高、保罗·塞尚、保罗·高更、巴勃罗·毕加索以及亨利·马蒂斯等画家都对现代主义艺术发展有着重要影响。

现代主义建筑

现代主义建筑家和设计师认为新的科学技术使得老式风格的建筑显得过时。勒·科比西埃觉得建筑的功能应该是"可供居住的机器"。正如汽车已经代替了马匹，现代主义的设计也应摈弃古希腊或中世纪时期沿袭下来的古老样式和结构。奉行这种机械美学标准的现代主义设计者们在设计时往往拒绝装饰性主题，而注重所用建筑材料与纯几何形式。路德维希·密斯·凡·德·罗设计的纽约西格莱姆大厦(1956—1958)这样的摩天大楼就是现代主义建筑的典型之作。根据现代主义理念设计的房屋和家具也格外强调简洁明快的外形和开敞式的内部结构，避免杂乱堆砌。

现代主义音乐

音乐领域也开始探寻形式和内容上新的表现方式。与视觉艺术一样，音乐也不再是具象（写实的）或容易引发情感共鸣的，而变得更加抽象和更富于表现力。法国作曲家克劳德·德彪西在创作中运用了非常规和声、乐音和音质。他的作品成为了俄罗斯作曲家伊戈尔·斯特拉文斯基的芭蕾舞剧《春之祭》的基础，而后者因其复杂的节律结构、不和谐音的使用以及激进的、非传统编舞震惊了当时保守的评论界和观众。

虽然一些批评家声称现代主义的主导地位正让位于后现代主义，但它必然会继续对后世各类文化运动产生影响。

(Based on http://en.wikipedia.org/wiki/Modernism
http://en.wikipedia.org/wiki/Modernist_literature
http://arthistoryresources.net/modernism/artsake.html)

当代美国文化的特征

当代美国文化与之前历史时期的美国文化有何区别？美国文化与其他文化的不同之处又在哪里？

毫无疑问，不仅对美国人，对世界上任何人而言当代文化变革中最重要的就是通讯革命。它消除了以前对新闻或信息进行过滤的多重审查机制，从而使得越来越多的人可以直接接触到原始的、未经过滤的信息并对之进行诠释。世界各地的人们都可以发表对某些事件的看法，也能以重要事件目击者的身份讲述个人经历，提供不同的视角和背景。

但这仍然不足以回答美国文化到底有何特别之处以及作为美国人到底意味着什么。作为美国人不仅意味着居住在美国五十个州和海外领土之内，更意味着个人观点与美国梦基本原则的契合：人人都享有生存、自由和追求幸福的权利。美国梦包含个人拥有财产的权利、宗教信仰的权利，无需担心政府干预，按劳取酬的权利以及享有通过努力致富的机会。

还有许多其它要素可以用于界定何为"美国人"，无论其好与坏。但美国人的自我形象是，他们是这样一个民族：努力坚持公平、正义，不遗余力地追求正确和美好的事物，力图用自己的榜样或经历去鼓舞那些不如他们幸运的人。

在其他国家及地区，"美国人"的形象通常是根据电影、电视以及国内外纸质媒体所塑造的形象而形成的。

我们没有"国家机密法"，尽管反对本届政府的人士发出不满的悲叹，但新闻自由、言论自由和宗教自由仍然充满活力，一如既往。这种自由与世界上大多数国家不同因此而不被理解。很多人都认为电视新闻报道（无论是广播网络还是有线电视新闻媒体）是政府批准的。但在美国情况并非如此。

这个国家所有的新闻编辑室都不存在暗箱操控。正是那些以平凡视角观察世界的普通人充当着新闻审查者和过滤者的角色。写的每一个字，说的每一句话，都有人对其是否有意义做出判断。你的所读、所闻、所见都是这些记者和编辑选择的结果：无论是好、坏或无关紧要。

无论是乔治·卢卡斯、史蒂文·斯皮尔伯格或奥利弗·斯通的最新电影，其发行或推广过程背后都没有隐藏之手操纵。它们是群体合作的产物，一群人聚在一起对一些故事素材提出看法或解读。

那么，美国文化、甚至当代文化的不同之处究竟何在？依本人拙见，美国人把在市场、乡镇广场、教堂/庙宇/清真寺、市政大厅、出版和广播电视等方面享有一系列基本自由视为理所应当,正是对这种观点的普遍认同构成了美国文化之不同。上帝赐予美国人享有自由和与众不同的权利,允许我们用很多不同的方式表达自己而不受政府的限制。

随着各种新媒体的应用,人们交换思想和观点的能力进一步得到提升,因此,已经存在了两个世纪之久的美国梦现在不仅激励美国人而且也激励其他国家的人们进一步拓宽他们的视野。

当代美国文化受诸多因素影响,难以界定。但我得说,互联网及其在全球范围使用所引发的信息革命是一重要影响因素。另一相关因素是全球化本身,该进程有利有弊。有利的是我们几乎可以随时获取世界各地的信息,不利的是全球化进程也意味着美国的就业机会落到了其他国家廉价劳动力手中。

(Based on http://www.helium.com/items/177112-the-distinct-character-of-contemporary-american-culture-in-us-history)

当代美国文化摧毁诚信

一天我正和我的女儿讨论她当时的"未婚夫"跟她说的一个谎言。她的反应是,"哦,妈,每个人都说谎!"哇,这可真让我这个当妈的眼界大开。诚实是最重要的品德,这是我女儿一直以来接受的教育,但现在她竟然也能够接受这种谎言文化,即在某些特定的情景下撒谎是可以原谅的。真正使我担忧的是,如果我那极诚实的女儿都这么认为,其他人的情况又会如何呢?

只需打开电视你便能对美国社会中的"诚信"有所了解。电视到底是反映了文化还是创造了文化,我们姑且不论。但无论是前者还是后者,电视节目里的人物都绝对缺乏诚信。他们与一个又一个人上床。为了个人目的说谎,即使欺骗自己所爱的人也在所不惜,也就是说,他们丧失了伦理道德,毫无诚信可言。

年轻人性行为呈逐年上升趋势。尽管有各种"教育"和节育措施,患性病和怀孕的人数依旧在增加。欺诈行为在教育界和商界盛行。人们似乎只在需要时才主张诚信,不需要时则弃之不用。

当成年人自身缺乏诚信时我们怎么能够期望我们的孩子拥有这种品质呢?只要关注一下新闻,我们就会读到或看到公众人物,无论是名人还是政客,是多么的不诚实。他们遵循的唯一道德规范就是按需选择的道德规范。为达目的而不择手段似乎已成为很多人的行为准则。即使选举出来的高官也存在诚信缺失的问题。这些都给我们的孩子传达了怎样的信息？

如今的美国充斥着境遇伦理学，但如果伦理道德可以随心所欲地改变，那还有什么用处呢？在诚信的原则下，我们的行为应当是为了正义而无论其结果。我们遵从的价值体系应该是对所有人有利，而非仅仅使自己受益。我们应该根据道德准则做出选择而不是仅凭一时的需要。要么有诚信要么没有诚信，这件事没有境遇这一说。诚信是固定的，不可改变的。它每天都被那些不愿意为追求正义付出任何努力的人们所践踏，这就是诚信的真实状况。

虽然你仍可以找到少数诚实的人，但那不过是凤毛麟角而已。这个国家正试图将上帝、真理和其他道德约束排斥在外，而兴起了一种基于个人"自身"原理的道德标准，它会依据个人意愿的改变而随时改变。道德败坏，是非不分，这种在美国乃至全世界都存在的状况还有可能逆转吗？我希望如此，但只有当我们重又坚持绝对真理和诚信时，这一愿望才有可能实现。

（Based on http://www.helium.com/items/
632042-how-contemporary-american-society-tramples-principles-of-integrity)

第八单元　现代主义与当代西方文化

文化背景知识

1. Cézanne, Paul 保罗·塞尚（1839—1906） 法国画家,后期印象派代表,作为现代艺术的先驱,从19世纪末被推崇为"新艺术之父"。他对物体体积感的追求和表现为"立体派"开启了思路。塞尚认为自然物体均与简洁的几何体相似,重视绘画的形式美,强调画面视觉要素的构成秩序,对运用色彩和造型有新的创造,同时,始终对古典艺术抱着崇敬之情。代表画作有《僧侣肖像》《田园诗》《静物》《玩纸牌者》《圣维克多山》《缢死者之屋》等。

2. Cubism 立体派,立体主义 20世纪初出现在法国的一个艺术流派。它主要追求一种几何形体的美,把物体或人改为几何形或立方块的组合,追求形式的排列组合所产生的美感。立体主义的主将是毕加索和布拉克。毕加索的油画《弹曼多林的少女》(1910)被认为是包含了立体主义因素的作品。立体主义在20世纪最初十年影响了全欧洲的艺术家,并激发了一连串的艺术改革运动,如未来主义、结构主义及表现主义等等。

3. Dadaism 达达派,达达主义 西方现代派的艺术流派之一,形成于第一次世界大战期间,1922年以后逐渐解体。达达主义是一种要在艺术与生活方面摧毁一切传统和现存价值观念的艺术活动。其最大特点是消极的虚无主义思想以及随之而来的玩世不恭的生活态度、黑色幽默式的嘲讽和自嘲以及惊世骇俗的艺术表现方式。波及视觉艺术、文学(主要是诗歌)、戏剧和美术设计等领域。达达派的思想根源是出于对资产阶级价值观念的憎恨及对第一次世界大战的绝望。关于"达达"一词的由来,最流行的说法是,1916年许多青年艺术家从故国或前线逃到瑞士,由罗马尼亚诗人查拉出面创立了一个艺术家团体,随意用一枚针插入一本德法词典,偶然找到"达达"这个词(法文原意为"木马,玩具"),用来作为这个团体的名称,意思是艺术家应当像儿童牙牙学语时那样,把外界事物看成无意义,不带任何偏见和框框,凭官能直觉的印象来创作。这便形成了它的美学原则。

4. Debussy, Claude 克劳德·德彪西（1862—1918） 法国作曲家,音乐评论家,印象派音乐奠基人之一,对欧美各国的音乐产生了深远的影响。虽然德彪西并非出身音乐世家,也没有良好的音乐环境,但他十分热爱音乐,幼年时就显露出显著的音乐才能。德彪西的音乐和古典主义音乐相去甚远,在他的作品中已看不到古典主义音乐的严谨结构、深刻的思想性和逻辑性,也看不到浪漫主义音乐的丰富情感,取而代之的则是奇异的幻想因素、朦胧的感觉和神奇莫测的色彩。第一次世界大战期间,他写过一些对遭受苦难的人民寄予同情的作品,创作风格也有所改变。德彪西的代表作品有管弦乐《大海》《牧神午后前奏曲》,钢琴曲《意象集》等,而他的创作最高峰则是歌剧《佩利亚斯与梅丽桑德》;并著有论文集《克罗士先生》。德彪西的创作视野比较狭窄,其作品内容的主要领域包括对自然景物画面的描绘,引起人们遐想的声音,对早已消逝的梦境的回忆以及某些生活场景的再现等,这一范畴中德彪西达到了当时的最高成就。1918年3月25日因直肠癌病逝,享年56岁。

5. Eliot,T. S. 托·斯·艾略特(1888—1965)　生于美国的英国诗人、剧作家、文艺评论家,诗歌现代派运动领袖,对20世纪英美现代派文学和新批评派评论起了开拓作用。艾略特曾在哈佛大学学习哲学和比较文学,接触过梵文和东方文化,对黑格尔派的哲学家颇感兴趣,也曾受到法国象征主义文学的影响。第一次世界大战爆发后,他来到英国,并定居伦敦,先后做过教师和银行职员等。1922年创作的《荒原》为他赢得了国际声誉,被评论界看做是20世纪最有影响力的一部诗作,英美现代诗歌的里程碑。《四个四重奏》(1943)使他获得了1948年度诺贝尔文学奖并确立了当时在世的最伟大英语诗人和作家的地位。英国广播公司(BBC)2009年组织了一次网上投票,请广大听众和观众推举"全国喜爱的诗人"(不包括莎士比亚),获得这一称号的便是艾略特。这一结果说明艾略特已经完全为普通的诗歌爱好者所接受。

6. Fauvism 野兽派,野兽主义　法国的一个激进的表现主义画派,20世纪艺术运动的首开其端者。它的时间并不长,仅仅延续了几年。虽然与此有关的艺术家们,早在1903年就在创造被认为是野兽派的绘画了,但作为一个运动,则是在1905或1906年才开始形成,到1908年就不复存在了。1905年该派领袖人物马蒂斯(1869—1954)和其他画家在巴黎举行画展,因其所采用的表现手法和印象派大相径庭,被视为"凶猛的"画,批评家路易·沃塞列第一次使用"野兽群"这个词进行讥讽,遂成为该派名称。野兽派画家热衷于运用鲜明的色彩和醒目的图案、以直率、粗放的笔法,创造强烈的画面效果,充分显示出追求情感表达的表现主义倾向。野兽派最主要的代表画家包括:马蒂斯、弗拉曼克、德兰等。

7. Freud,Sigmund 西格蒙德·弗洛伊德(1856—1939)　奥地利医生、精神病学家、精神分析学派心理学创始人,提出潜意识理论,认为性本能冲动是行为的基本原因,促进了动力心理学、人格心理学和变态心理学的发展,奠定了现代医学模式的新基础,为20世纪西方人文学科提供了重要理论支柱。1895年正式提出精神分析的概念,主要著作有:1899年出版《梦的解析》,被认为是精神分析心理学的正式形成;《精神分析引论》(1915—1917)是一部广为流传的著作,曾被译成17国文字,深入浅出地系统说明了精神分析的一般理论和方法。除此之外"白日梦"、"俄狄浦斯情节"等概念也是弗洛伊德所提出的。1938年纳粹分子入侵奥地利,由于弗洛伊德是犹太人,因此他不顾82岁高龄逃往伦敦,翌年在那里不幸去世。

8. Futurism 未来主义　是20世纪初兴起于意大利,盛行于欧洲的文艺流派,它以文学为滥觞,迅速席卷绘画、音乐、雕塑、戏剧等各个艺术领域。意大利诗人、作家兼文艺评论家马里内蒂于1909发表了《未来主义的创立和宣言》一文,标志着未来主义的诞生。未来主义宣扬极端民族主义,反对社会主义,否定一切文化遗产;鼓吹未来的艺术应该具有现代感觉,应表现现代机械文明的速度、激烈的运动、音响和四度空间。

9. **Fitzgerald, F. Scott 菲茨杰拉德**(1896—1940) 20世纪美国最杰出作家之一,以其描写"爵士时代"的作品著称。代表作有《人间天堂》《了不起的盖茨比》《夜色温柔》和《末代大亨的情缘》等。1925年《了不起的盖茨比》的问世,奠定了他在现代美国文学史上的地位,成为20年代"爵士时代"的代言人和"迷惘的一代"的代表作家之一。他的小说生动地反映了20年代"美国梦"的破灭。他在创作上受到俄罗斯作家屠格涅夫、法国作家福楼拜、英国作家康拉德的影响。菲茨杰拉德1896年9月24日生于明尼苏达州圣保罗市,1920年与吉姗尔达结婚。婚后妻子讲究排场,挥霍无度,后又精神失常,给他带来极大痛苦;经济上也入不敷出,一度去好莱坞写剧本挣钱维持生计。1936年不幸染上肺病,妻子又一病不起,使他几乎无法创作,精神濒于崩溃,终日酗酒。1940年12月21日并发心脏病,死于洛杉矶,年仅44岁。

10. **Gauguin, Paul 保罗·高更**(1848—1903) 法国后期印象派画家、雕塑家,与凡高、塞尚并称为后印象派三大巨匠,西方现代艺术的先驱者,这位充满传奇性的画家,厌倦欧洲文明和工业化社会,憧憬原始与野性未开化的自然世界,为追求心中理想的艺术王国,远离巴黎渡海到南太平洋的塔西提岛和土著人长期生活在一起,像当地土著居民一样赤足裸身,布衣素食,还娶了一个土著妇女为妻。他的画描绘了别人没有发现的美——质朴的原始美;以率真、单纯、近于原始艺术的造型和配色,创造出既有原始神秘意味又有象征意义的艺术,为以后各种原始主义和象征主义艺术开拓了道路。高更的画作所体现出的对于现代文明的深刻反思也是非常具有典型性的。他的代表作包括《我们从哪里来?我们是什么?我们到哪里去?》《黄色的基督》《两个塔希提女人》等。1903年5月8日年高更在贫病交加、悲愤苦恼中病逝在南太平洋中部马克萨斯群岛法图伊瓦岛。英国名作家毛姆曾以高更生平为题素材,创作了长篇力作《月亮与六便士》(1919),以艺术的创造(月亮)与世俗的物质文明(六便士=金钱)为对比,象征书中主角的境遇。2015年2月8日,高更的一幅油画以3亿美元(1.97亿英镑)成交,创下艺术品最昂贵价格成交纪录。

11. **Hemingway, Earnest 欧内斯特·海明威**(1899—1961) 美国作家和记者,被认为是20世纪最著名的小说家之一,是"新文体"小说创始人。出生于美国伊利诺伊州芝加哥附近的一个医生家庭。曾作为红十字会车队司机参加第一次世界大战,以后长期担任驻欧记者,并曾以记者身份参加第二次世界大战和西班牙内战。海明威早期为"迷惘一代"作家中的代表人物;一生中感情错综复杂,先后结过四次婚;作品中对人生、世界、社会都表现出了迷茫和彷徨。晚年患多种疾病,精神抑郁,经多次医治无效,1961

年7月2日,海明威在爱达荷州凯彻姆的家中用猎枪结束了自己的生命,享年62岁。海明威的作品风格独特,文笔精炼,外在不动声色,内在情感炽热。在美国文学史乃至世界文学史上都占有重要地位,一生之中曾荣获多种奖项。1953年,他以《老人与海》一书获得普利策奖;1954年,《老人与海》又为海明威夺得诺贝尔文学奖。2001年,海明威的《太阳照样升起》与《永别了,武器》两部作品被美国现代图书馆列入"20世纪100部最佳英文小说"中。

12. **Impressionism 印象主义**　也称印象派,19世纪后半期至20世纪初期流行于欧洲的一种文艺思潮和艺术流派,原指法国绘画中的一个流派,后引申到音乐和文学中,其形成的基础为唯美主义和自然主义。印象主义画派是西方绘画史上一个划时代的艺术流派,当时集聚在法国的一批画家们不满意官方倡导的传统绘画的模式,他们走出画室在自然外光条件下面对景物直接写生,主张在作品中反映画家对"光"和"色彩"瞬间的真实感受和印象,作品内容和主题不再重要。法国画家莫奈的油画《印象·日出》就是他们的代表作品,"印象派"绘画的名称也因此而来。代表画家有马奈、莫奈、雷诺阿、毕塞罗、德加等,代表作品包括《印象·日出》《睡莲系列》《红帆船》《咖啡厅演唱会》《煎饼磨坊的舞会》等。印象派音乐的创始人是法国作曲家德彪西。其题材常取自诗情画意及自然景物等,以暗示替代陈述,以色彩代替力度,着意于表达感觉中的主观印象,并大量运用变奏和弦、平行和弦、五声音阶和全音阶等。印象主义在19世纪70年代以后进入文学,印象主义文学重视瞬间感觉经验转化为感情状态的过程,力图反映作家的个人气质。反对对事物之间的联系进行逻辑推理或理性加工提炼。在文学实践中,印象主义常常与象征主义、唯美主义、自然主义相交织。

13. **Interior monologue 内心独白**　是在深层心理学和心理分析学的基础上发展起来的现代小说、特别是意识流小说的一种重要技巧。指通过人物的自我表述来直接展示内心活动和心灵世界,道出人物对事物的看法和想法,表现人物在特定环境中的情绪或感受,揭示人物内心活动的发展与变化。法国作家大仲马最早提出"内心独白"这一术语。但作为一种手法,早在古希腊悲剧,特别是在莎士比亚的戏剧中就已存在,就是剧中人物在舞台上自言自语或"向一旁"说话;后来小说也开始使用该手法。意识流小说中的内心独白可分为两种:其一是直接性内心独白,即作家用第一人称写法,作品全由主人公的自我内心独白方式写成;其二是间接式内心独白,是作家用第三人称方式写成。

14. **Le Dejeunersur l'Herbe《草地上的午餐》**　法国写实派与印象派画家爱德华·马奈创作于1862年和1863年间的一幅布面油画。原本名为《浴》(法文:Le Bain),现藏于巴黎的奥塞美术馆。人们在追溯现代派绘画的起源时,通常以在落选者沙龙中展出《草地上的午餐》为开端,这是马奈的第一张惊世之作。在《草地上的午餐》之前的油画作品中,裸体画只出现在历史画和神话故事的题材中,而马奈在这副作品中却打破常规,将普通人的形象描绘成裸体,让裸体女郎坐在林中草地上,与两位衣冠楚楚的绅士为伴,后面还有一位正在洗浴的女子。画家摆脱了传统绘画中精细的笔触和大量的棕褐色调,代之以鲜艳明亮、对比强烈、近乎平涂的概括的色块。此画展出后,引起舆论大哗,不论是题材还是表现方法都与当时占统治地位的学院派原则相悖,并不被社会所认同。作为挑战性作品,马奈被推入到印象派阵营,虽然他并未参加过印象派的任何一次画展。

15. Le Corbusier 勒·科比西埃(又译柯布西耶)(1887—1965) 诞生在瑞士、成名于法国的建筑师、城市规划师、家具设计师、现代派画家、雕塑家、挂毯设计师、著作家,出版有50多部专著及无数文章。科比西埃是现代主义建筑的主要倡导者,机器美学的重要奠基人,被称为"现代建筑的旗手";也是功能主义建筑的泰斗,被称为"功能主义之父"。他的五个建筑学新观点包括:底层架空柱、屋顶花园、自由平面、自由立面以及横向长窗。他设计的全部建筑不足一百个,但他们在建筑和城市规划中都有很大的影响。重要的建筑作品有马赛公寓、朗香圣母院教堂等。朗香教堂被誉为20世纪最为震撼、最具有表现力的建筑。科比西埃1930年获得法国国籍,成为拥有瑞、法双重国籍的国际级建筑大师。法国巴黎成立了科比西埃基金会,瑞士也有以科比西埃命名的街道和学校。科比西埃一生著作等身,绘画和设计艺术超群,从空间的角度解放了建筑,真实地表达了现代文明。有人甚至把科比西埃同文艺复兴时期的绘画和建筑艺术大师米开朗基罗以及大画家达·芬奇相提并论。1965年8月27日,科比西埃在海上游泳时因心脏病发作逝世,享年78岁。

16. Le Sacre Du Printempts《春之祭》 是美籍俄罗斯作曲家伊戈尔·斯特拉文斯基于1913年创作的一部芭蕾舞剧,也是他的代表性作品之一,描写了俄罗斯原始部族庆祝春天的祭礼。《春之祭》是迄今为止最后一部从传统意义上进行编舞的作品,在音乐、节奏、和声等诸多方面都与古典主义音乐切断了联系,标志着戏剧手段的不断极端化和对传统舞蹈理解的逾越;既有鲜明的俄罗斯风格,也有强烈的原始表现主义色彩,还具有印象派风格。被英国古典音乐杂志 *Classical CD Magazine* 评选为对西方音乐历史影响最大的50部作品之首。

17. Lucas,George 乔治·卢卡斯(1944—) 美国著名电影导演、制片人和编剧,他把无限的想象力和最先锋的科技融合进了电影艺术,把人们带入了一个全新的世界,并且创造了电影史上最有价值、最受观众喜爱的作品。其最著名的作品是《星球大战》系列(导演)和《夺宝奇兵》系列(编剧)。《星球大战》树立了其导演道路上的首座里程碑,该片在世界科幻影片的创作与生产中具有开拓性意义,并因之获得了第五十届奥斯卡奖的6项大奖。2005年,卢卡斯获得美国电影学会颁发的终身成就奖。2012年,卢卡斯宣布自己进入"退休"的状态,并不再接拍任何商业大制作。

18. Manet,Edouard 爱德华·马奈(1832—1883) 法国画家,对欧洲绘画的发展

有重要贡献;他革新传统绘画技法,画风色彩鲜明,明暗对比强烈,将绘画从追求立体空间的传统束缚中解放出来,朝二维的平面创作迈出革命性的一大步。尤其擅长表现外光和肖像,第一个将印象主义的光和色彩带进了人物画,开创了印象主义画风。主要作品有《吹短笛的男孩》《女神游乐场的酒吧间》《奥林匹亚》《白色牡丹花》《酒馆女招待》《草地上的午餐》《左拉肖像》等。尽管他从来没有参加过印象派画家的联合展览,仍被认为是印象主义画派的奠基人,很早就被后来的印象派画家们视为大师,深深影响了莫奈、塞尚、凡高等新兴画家,进而将绘画带入现代主义的道路上。1882年沙龙展出了他生前最后一幅作品《福利·贝热尔的吧台》,因而获得极大成功,官方授予他"荣誉团勋章"。病中的马奈说:"这实在太晚了。"1883年,马奈死于梅毒和风湿病,年仅51岁,埋葬在巴黎的帕西墓地。

19. **Marx, Karl 卡尔·马克思**(1818—1883) 犹太裔德国人,哲学家、经济学家和社会理论家,马克思主义创始人。马克思18岁进入柏林大学学习法律,23岁提前获得哲学博士学位,一生四次被政府驱逐,曾自称是"世界公民"。最后在英国伦敦定居。他的知识领域极为广泛,包括哲学、经济学、法学、宗教学、逻辑学、美学、政治学、文学、史学、语言学、翻译、工商业实践,甚至还触及数学、自然科学等;能阅读欧洲许多国家(据说多达二十多种)的文字,能用德、法、英三种文字写作。他发现了人类历史的发展规律,创立了科学社会主义,创建了第一国际。一生著述颇丰,主要著作《资本论》(完成于1867—1895年间)是马克思主义经济学的基本文本;《共产党宣言》(1848)是国际共产主义运动的第一个纲领性文献,标志着马克思主义科学社会主义的诞生,迄今为止,已用200多种语言出版了1100多个版本,是全球公认的"传播最广的社会政治文献"。马克思关于阶级斗争、历史以及经济在政治中的重要性理论,对后来的思想家和政治活动家产生了深远的影响。1883年3月14日马克思在伦敦寓所辞世,终年65岁。后与妻子燕妮合葬于伦敦北郊的海格特公墓内。

20. **Matisse, Henri 亨利·马蒂斯**(1869—1954) 法国画家、雕刻家和版画家,野兽派创始人和主要代表人物,与毕加索(1881—1973)并称20世纪最具影响力的画家。马蒂斯毕生追求的艺术理想是宁静、愉悦、优雅的画风。其绘画受到后期印象派、波斯绘画及东方民间艺术的影响,以使用鲜明、大胆的色彩而著名,作品以线条流畅、色彩明亮、不讲究明暗与透视法为特点,体现了野兽派的美学观念。代表作有《开着的窗户》《戴帽子的女人》《绿色的线条》《奢华 宁静 快乐》《舞蹈》《音乐》等。1950年6月11日,马蒂斯在威尼斯艺术节中荣获大奖。晚年的马蒂斯健康状况每况愈下,最后不得不卧床休养,然而他从没有放弃艺术的创作,从架上绘画转到一种新的艺术创作——剪纸。在生命的尾声,马蒂斯剪出了不朽的作品《蓝色裸体》(1952)。1954年11月3日,马蒂斯逝世在长期居住的法国南部城市尼斯,享年85岁。

21. **Modernism 现代主义** 也称现代派。它不是单指某一个流派,而是现代西方

第八单元 现代主义与当代西方文化

各种文艺思潮和派别的总称,包括从19世纪末至今仍在演变的欧美资产阶级各国的众多思潮及派别,如象征主义、表现主义、立体主义、未来主义、达达主义、超现实主义、抽象主义、存在主义、结构主义、魔幻现实主义、荒诞派、新小说派、垮掉的一代、黑色幽默等等。现代主义文艺思潮的出现可以追溯到19世纪中叶的唯美主义文学,其中以美国的爱伦·坡和法国的波德莱尔为代表,被称为现代主义的始祖。现代主义文学大师包括卡夫卡、萨特、加缪、马尔克斯等,代表作品有《变形记》《局外人》《百年孤独》等。现代主义美术大师有塞尚、毕加索、博乔尼、康定斯基等,代表作品有《亚威农少女》《在空间连续的形》等。

22. **Modernist Architecture 现代主义建筑**　现代主义建筑指折衷主义建筑之后、20世纪中叶居西方建筑界主导地位的一种以新结构、新材料、新形式为核心的建筑。现代主义建筑思潮发轫于19世纪后期,成熟于20世纪20年代,在50—60年代风行全世界,具有鲜明的理性主义和激进主义的色彩。现代主义建筑主张艺术,特别是造型艺术的建筑要从古典的学院主义艺术的旧模式中走出来,努力体现和反映19世纪以来工业生产和科学技术的进步,建筑设计应从实用、技术和美观三个方面进行创造。在设计方法上摆脱希腊罗马柱式建筑体系及传统建筑形式的束缚而自由创造,从建筑的实用性出发,不断运用新技术、新材料,适应社会发展要求。其基本观点是:强调建筑要与时俱进,现代建筑应同工业化社会相适应;强调建筑师要研究和解决建筑的实用功能和经济问题;主张在建筑设计中发挥新材料、新结构的特性,用工业化方法建筑住宅;主张坚决摆脱过时的建筑样式的束缚,放手创造建筑新风格;完全废弃建筑外附加的装饰,"形式服从功能"。在20世纪20至30年代,现代主义建筑作品有一些相近的形式特征,如平屋顶、灵活均衡的非对称构图、光洁的白墙面、简单的檐部处理、大小不一的玻璃窗、很少用或完全不用装饰线脚等等。这样的建筑形象一时间在许多国家出现,所以也被称作"国际式"建筑。现代主义建筑的四位大师是:格罗皮乌斯、勒·科比西埃、密斯·凡·德·罗和弗兰克·劳埃德·赖特。

23. **Mies van der Rohe, Ludwig 路德维希·密斯·凡·德·罗**(1886—1969)　德裔美国建筑师,20世纪中期世界上最著名的四位现代建筑大师之一。曾任先锋派包豪斯艺术学校校长,美国芝加哥阿尔莫理工学院建筑系主任(1940年改名为伊利诺伊理工学院)。倡导"国际式"风格,建立了一种当代大众化的建筑学标准,其建筑理念扬名全世界。作为钢铁和玻璃建筑结构之父,密斯提出了"少就是多"的建筑设计哲学和"魔鬼在细节"的设计理念,在处理手法上主张流动空间的新概念,这些集中反映了他的建筑观点和艺术特色,也影响了世界。他在自传中说道:"我不想很精彩,只想更好!"其代表作品为:西班牙巴塞罗那博览会德国馆(巴塞罗那,1929)、巴塞罗那椅(1929)、范斯沃斯住宅(伊利诺伊州,1946—1951)、滨湖公寓(芝加哥,1950—1951)、纽约西格拉姆大厦(纽约曼哈顿 1954—1958)、柏林新国家美术馆(柏林,1965—1968)。获得荣誉包括:1959年英国皇家建筑师学会金质奖章、1960年美国建筑师学会金质奖章、1961年柏林艺术奖、1963年约翰逊总统授予的自由奖章、1966年德国联邦金牌奖。1969年8月19日于芝加哥逝世,享年83岁。

24. Modernist Art 西方现代派美术　是指西方国家从20世纪初发展起来的现代美术中的某些流派,包括野兽派、立体派、未来派、达达派、表现主义、超现实主义、抽象主义、波普艺术等。引领现代派美术的是法国后印象主义画家塞尚,高更和荷兰画家梵高。"现代派"一词是和某种新的、非传统的、区别于过去的艺术思想联系在一起的,它既不同于以往的传统美术,也不包括现代的各种现实主义流派,与现代的西方美术更不是同一概念。其主要特征是对写实、具象的西方美术传统的一种否定,是一种无统一风格的艺术思潮,追求形式上的变革、艺术上的抽象化、直接性、自动性和潜意识的自我。利用绘画"符号"使作品变得含有某种"意味"。现代派美术是西方国家政治、经济、科学、哲学以及美学思想发展的必然,是19世纪末以来西方资本主义社会工业迅猛发展对人们的生活方式、观察方式、思维方式的改变。

25. Nietzsche,Friedrich 弗里德里希·尼采(1844~1900)　德国哲学家,诗人,唯意志论的主要代表,西方现代哲学的开创者,创立"权力意志说"和"超人哲学",提出了自己独特的思想。主要著作有:《权利意志》《悲剧的诞生》《不合时宜的考察》《查拉图斯特拉如是说》《希腊悲剧时代的哲学》《论道德的谱系》《偶像的黄昏》等。他的著作对于宗教、道德、现代文化、哲学,以及科学等领域提出了广泛的批判和讨论。写作风格独特,经常使用格言和悖论的技巧。尼采对于后代哲学、尤其是存在主义和后现代主义的发展影响极大。尼采在开始研究哲学前,是一名文字学家。24岁时成为瑞士巴塞尔大学的德语区古典语文学教授,专攻古希腊语,拉丁文文献。1879年因健康问题辞职,之后一直饱受精神疾病煎熬。1889年尼采精神崩溃,从此再也没有恢复,在母亲和妹妹的照料下生活,直到1900年去世。

26. Official Secrets Act 官方机密法(禁止泄露政府机密的法规)　这项法案旨在保护国家或政府信息的安全,与国家安全息息相关。施行地区和国家有香港、印度、爱尔兰、马来西亚、英国、加拿大和新西兰。

27. Picasso,Pablo 巴勃罗·毕加索(1881—1973)　西班牙画家、雕塑家,立体主义画派主要代表,现代艺术创始人,其作品对西方现代艺术有深远影响。毕加索出生在西班牙马拉加,后定居巴黎,长期在法国进行艺术创造活动。1944年加入法国共产党。在20世纪,没有一位艺术家能像毕加索一样,画风多变而人尽皆知。毕加索的盛名,不仅因他成名甚早和《亚威农的少女》《格尔尼卡》等传世杰作,更因他丰沛的创造力和多姿多彩的生活。他一生留下了数量惊人、多层面的艺术作品,总计近37000件。代表作有油画《格尔尼卡》、宣传画《和平鸽》等,他于1907年创作的《亚威农少女》是一幅里程碑式的杰作,不仅标志着毕加索个人艺术历程中的重大转折,也是西方现代艺术史上的一次革命性突破,引发了立体主义运动的诞生。在这幅画的影响下,法国的立体主义绘画得到空前的发展,甚至还波及芭蕾舞、舞台设计、文学、音乐等其他领域。与一生穷困潦倒的文森特·梵·高不同,毕加索的一生灿烂辉煌,他是有史以来第一位亲眼看到自己的作品被收藏进卢浮宫的画家。在民意调查中,曾以40%的高票当选为20世纪最伟大的十个画家之首。在全世界拍卖价格最高的前10幅画作中,毕加索的作品就占据4幅。毕加索于1973年以92岁的高龄去世。

28. Post-Impressionism 后印象主义 后印象主义是相对印象主义提出的一个艺术概念。英国美术评论家罗杰·佛莱(Roger Fry 1866—1934)首先使用该词,指称塞尚、梵高、高更等画家的艺术。他们不满足于印象主义对自然的客观描绘,而强调主观感受的再创造。他们的早期作品属于印象主义,后因不满印象主义固有的限制,而另辟新径。后印象主义绘画启迪了两大现代主义艺术潮流,即强调结构秩序的抽象艺术(如立体主义,风格主义等)与强调主观情感的表现主义(如野兽主义,德国表现主义等),所以,在艺术史上,后印象主义被称为西方现代艺术的起源。后印象主义算不上是一个团体,也没有联合开过画展,它在1910年以前还没有被普遍使用。

29. Postmodernism 后现代主义 指20世纪60年代发端,兴起于70~80年代的西方当代艺术思潮及艺术流派,是在对现代主义进行批判的基础上孕育而生。1975年英国建筑评论家查尔斯·詹克斯第一次使用了"后现代主义"一词,标志着现代主义艺术的发展已进入后现代阶段。它首先表现在建筑领域,而后逐渐用到文化与文学研究中。第二次世界大战以后,一些激进的建筑艺术家,厌倦了包豪斯那种纯粹几何形的千篇一律的国际风格,指责被称为"房屋是居住的机器"的现代主义建筑的形式和内涵是反历史和无个性的,是建筑艺术的一种异化。当人们已经不再满足建筑只是单一的使用功能形式时,后现代主义就以其多变的形式为世人接受。后现代主义建筑有三个特征:①采用装饰;②具有象征性或隐喻性;③与现有环境融合。强调一种"看不见的文化",这一观点与现代主义建筑大相径庭。美国建筑师罗伯特·文丘里所著的《建筑的复杂性和矛盾性》一书,被公认为给后现代主义建筑理论贯以比较完整的指导,成为后现代主义建筑的理论重要基石之一。

30. Representational art 具象艺术 指艺术形象与自然对象基本相似或极为相似的艺术,是一种描绘"真实存在事物"的艺术,与其相对的是偏离或抛弃自然对象外观的抽象艺术。所谓"具象"是创作过程中活跃在作家、艺术家头脑中的丰富多彩、高度凝缩了的形象,它不仅仅是感知、记忆的结果,而且打上了作家、艺术家的情感烙印,受到他们的思维加工。1930年具象艺术第一次作为专业名词出现,那时凡·多斯勃格发表了以"具象艺术"为题的宣言:"我们宣告:具象绘画的基础是:(1)艺术是世界性的。(2)艺术作品在创作以前应该全部孕育和形成于头脑之中。"西方传统美术中,以写实主义为代表的具象艺术占据了主导地位,文艺复兴时期的美术是具象艺术一个引人瞩目的高峰。

31. Situational ethics 境遇伦理学　亦称境况伦理学、新道德论,是20世纪60年代末出现并流行于西方的基督教伦理学流派之一。美国著名的基督教神学家、伦理学家约瑟夫·弗来彻(Joseph Fletcher,1905—1991)是主要代表人物,出版了《境遇伦理学——新道德论》一书,系统地、全面地阐述境遇伦理学,使之成为一种很有影响的宗教伦理思想,并在世界上引起轰动。弗莱彻的理论是:凡事没有绝对的对,也没有绝对的错,一切取决于境遇,进而他得出了惊世骇俗的结论:任何行为,即便是说谎、婚前婚外性关系、堕胎都可能是正当的,一切取决于境遇。强调境遇原则对于道德选择、道德判断与道德评价等道德活动环节起决定性的作用。境遇伦理学夸大境遇的变化因素,否认善恶具有确定的内容,把相对主义方法当做道德选择的基础,认为道德判断没有任何固定标准可循,一切是非善恶都随各种有关条件的变化而变化。每个人都从境遇的具体因素出发,并依照本人的主观欲望和兴趣,选择和评价个人的行为,当时当地适时做出合适的道德抉择,任何人都不能为他人作出决定。

32. Spielberg,Steven 史蒂文·斯皮尔伯格(1946—)　犹太裔美国导演、编剧和电影制作人。生于俄亥俄州的辛辛纳提,自小就热爱电影艺术。在16岁时,拍摄了第一部标准长度的影片《火光》。就学于洛杉矶加州大学电影系。大学毕业后先在电视台工作,后成为电影导演,是新好莱坞导演中获得巨大商业性成功的电影制作者。在世界电影业陷入全面危机的时刻,他以新颖旺盛的想象力和创造力,不断制造着一个个他人难以企及的电影"神话"。自1975年执导《大白鲨》开始,近三十年来,斯皮尔伯格一直是通俗电影的旗手和领军人物,他的创作历程某种程度上就是当代美国,乃至世界主流电影的发展史。他以史诗片《辛德勒名单》而荣获奥斯卡金像奖;导演的影片19部获奥斯卡提名、9部影片获奖、两度摘取最佳影片及最佳导演奖,在大大小小的国际电影节上所获奖项不胜枚举。主要作品有《大白鲨》《外星人E.T.》《夺宝奇兵》《侏罗纪公园》《辛德勒的名单》等。《时代》杂志将他列入"20世纪100位最重要的人物"之一。

33. Stone,Oliver 奥利弗·斯通(1946—)　20个世纪八九十年代崛起于世界影坛的电影艺术大师、美国著名电影、电视剧导演。越南战争的个体经验成为他不断拍摄电影的源泉,欧洲电影观念的影响以及西方1960年代的反文化精神为他的电影蒙上了一层强烈的政治批判色彩;对电影理念和电影风格技巧近于夸张的个人化追求为他赢得了"风格电影"大师的美名。1960年代的西方文化血脉赋予了奥利弗·斯通电影特有的风格理念,这使他的电影在某种意义上成为解读美国现代历史的注脚。尤其是他在处理政治和战争电影题材方面的天赋为他刻上了"政治片"和"战争片"导演的鲜明标记,越战使得他的电影逐渐确立了一种真实记录与另类表达的主题。越战三部曲《野战排》《生于七月四日》和《天与地》的成功以及后来其它影片显示出的深刻揭示性,无疑应归功于斯通的战争经历和他对这一经历的忠实回顾。正是这几部越战片为斯通在电影界赢得了较高的地位。1986年《野战排》一举拿下最佳影片和最佳导演在内的四项奥斯卡大奖,成就了奥立弗·斯通事业的辉煌巅峰。1990年凭借《生于七月四日》获6项奥斯卡提名,最终斩获最佳导演、最佳剪辑奖,在其他14项电影节提名中获得10项大奖,一举奠定其好莱坞一流导演的地位。奥利弗·斯通一直都对那些改变历史的政治人物情有独钟,他曾经拍摄过肯尼迪、尼克松、小布什的传记片。2015年他拍摄了电影《斯诺登》。

34. **Stravinsky, Igor 伊戈尔·斯特拉文斯基**（1882—1971） 俄裔美国作曲家,20世纪现代音乐的传奇人物,革新过三个不同的音乐流派:原始主义、新古典主义以及序列主义。被人们誉为是音乐界中的毕加索。早期代表作有《春之祭》《火鸟》等;中期转向新古典主义,作品有《圣诗交响曲》等;后期多采用序列音乐手法,作品有歌剧《浪子的历程》等。1938年,斯特拉文斯基的女儿、妻子和老母亲相继去世,再加上希特勒侵占波兰和二战的爆发,促使斯特拉文斯基前往美国谋生,加入美国国籍。1971年4月6日于美国去世,死后葬于威尼斯。斯特拉文斯基是20世纪获得荣誉最多的音乐家之一。他的作品在全世界范围内盛演不衰。

35. **Stream-of-consciousness 意识流** 意识流作为西方现代文艺中广泛运用的一种表现技巧兴起、成熟于20世纪前期。主要成就在小说领域,在戏剧、诗歌、电影中也有表现。意识流得名于美国心理学家威廉·詹姆斯,而以小说创作中"内心独白"为其先声,以着重描写下意识的自由联想为其主要特点。由于意识流作家要求人物直接表露他的思想意识,深层心理,因此大量运用了自由联想、内心独白、旁白等手法,一改传统的作家从旁叙述的方式,反对传统小说出面介绍人物的身世籍贯、外界环境,间或挺身而出评头论足的写法,要求作者"退出小说"。与文辞优美、句法规范、结构严谨的传统小说不同,意识流小说通常表现出不受制于任何逻辑秩序的、支离破碎的语言片断;句法上极不完整,语言单位与单位之间没有表面上的联系,具有极大的随意性、跳跃性以及不连贯性。西方意识流文学代表作家有普鲁斯特、乔伊斯、弗吉尼亚·伍尔芙、威廉·福克纳等。意识流文学在中国的出现有过两次高潮,一是五四期间,一是八十年代。1918年鲁迅发表的《狂人日记》被认为是中国最早的具有意识流特征的小说。1963年香港作家刘以鬯发表的长篇小说《酒徒》被视为华文文学第一部意识流长篇小说。王蒙是新时期中国意识流小说的首倡者与重要的实践者。从1985年开始,莫言的出现,将中国意识流文学推向了一个高峰。他相继发表了一系列具有强烈意识流风格的小说,其中《红高粱》成为了80年代中国文坛的里程碑之作。

36. **van Gogh, Vincent 文森特·梵·高**（1853—1890） 简称为梵高,是继伦勃朗之后荷兰最伟大的画家,也是文艺复兴时期的著名画家,后印象主义的先驱,深深地影响了20世纪艺术。梵高一生留下了丰富的作品,直到去世之后才逐渐被人们所认识。

这些作品中包含着深刻的悲剧意识,强烈的个性和形式上的独特追求。他早期的作品,风格忧郁低沉,以灰暗色系为主,如《吃马铃薯的人》《纺织工》等。后期作品,包括许多自画像、一系列向日葵的画、《星夜》《有乌鸦的麦田》等,画风绚烂明朗,以大胆的、有节奏的绘画技巧和鲜艳的颜色为特点。梵高一生渴望爱情,曾被三个女人吸引,分别是伦敦房东太太的女儿、守寡的凯表姐和曾做过妓女的模特,但这三段感情都无疾而终,最终却孤苦伶仃。一生的知己是相差四岁的弟弟提奥。作为世俗的个体,梵高的一生无疑是失败的,他不善经营,贫困潦倒,生前只售出一幅作品——《红色的葡萄园》。在梵高艺术创作的晚期,他的思维和精神已经到了癫痫和错乱的地步,这也使他对艺术有着一种骚乱和疯狂的感觉,正是这种感觉使梵高晚期的作品有着独特的张力和艺术气息。梵高所有优秀独特的作品,均完成于他生命最后的六年。1988年梵高因精神失常,割下一只耳朵;1890年7月29日,旧病复发,在法国瓦兹河畔饮弹自杀,时年37岁。在梵高葬礼举行之后不久,弟弟提奥也患上同样的精神病,1891年1月25日,追随哥哥离开了人世。梵高死后,他的名气越来越大。在世界各地逐渐家喻户晓,成了最受爱戴的艺术家之一。其作品已跻身于全球最著名、最昂贵的艺术作品的行列。

37. Woolf, Virginia 弗吉尼亚·伍尔芙(1882—1941) 英国女作家、文学批评家和文学理论家,意识流文学代表人物,被誉为20世纪现代主义与女性主义的先锋。1915年开始发表作品,著述甚丰,有小说、散文、戏剧、文艺批评等著作近50种;还写过350余篇论文、随笔和书评。她一生致力于对小说形式的改革实验,顺利将意识流手法引入现代小说创作,《墙上的斑点》是她第一篇典型的意识流作品。在艺术形式和表现手法上力求突破窠臼,由外部转向内在,集中精力展示小说主人公的内心世界。西方批评家广泛认为,伍尔夫的中期作品,《达洛维夫人》《到灯塔去》《海浪》是她最杰出的作品,也是20世纪最伟大的英语小说。这些作品集中体现了现代主义文学对人的精神世界的探索,手法新颖独特,是对18和19世纪传统现实主义小说表现形式的延伸和发展。弗吉尼亚·伍尔芙本人及其作品都引起了学术界的广泛兴趣与关注,掀起了关于伍尔芙的研究热潮。在出色的文学成就的同时,弗吉尼亚·伍尔芙被奉为西方女权主义运动与女性主义思潮的先驱人物。在某种程度上说,弗吉尼亚生活经历又是不幸的,同母异父的两位兄长对她的性侵犯给她留下了永久的精神创伤。对于同性的依恋甚至一度成为她感情世界里的重心。母亲、父亲相继病逝,更是她难以承受的打击。1941年因精神病而投河自尽。

第八单元 现代主义与当代西方文化

词条总表

Abraham 亚伯拉罕	U3	Charlemagne 查理曼大帝	U4
Age of Enlightenment 启蒙运动时期	U6	Claudius I 克劳狄一世	U2
Alcibiades 亚西比德	U1	Cleopatra 克利奥帕特拉七世	U2
Alfred the Great 阿尔弗雷德大帝	U4	Coleridge, Samuel Taylor 塞缪尔·泰勒·柯勒律治	U7
Amazon Warriors 亚马逊女战士	U1	Constantine the Great 君士坦丁大帝	U2
Ancient Rome 古罗马	U2	Copernicus, Nicolaus 尼古拉·哥白尼	U5
Anne of Cleves 克利维斯的安妮	U5	Crusades 十字军东征	U4
Antony and Cleopatra《安东尼与克利奥帕特拉》	U2	Cubism 立体派, 立体主义	U8
Antony, Mark 马克·安东尼	U2	Cézanne, Paul 保罗·塞尚	U8
Aquinas, Thomas 托马斯·阿奎那	U4	Dadaism 达达派, 达达主义	U8
Archbishop of Canterbury 坎特伯雷大主教	U6	Dante, Alighieri 阿利盖利·但丁	U1
Aristotle 亚里士多德	U1	Debussy, Claude 克劳德·德彪西	U8
Athens 雅典	U1	Declaration of Independence《独立宣言》	U6
Augustus, Romulus 罗慕路·奥古斯都	U2	Descartes, Rene 勒内·笛卡尔	U6
Augustus 奥古斯都	U2	Dickens, Charles 查尔斯·狄更斯	U7
Bacon, Francis 弗朗西斯·培根	U5	Diocletian 戴克里先	U2
Balzac, Honoréde 奥诺雷·德·巴尔扎克	U7	Doctor Faustus 浮士德博士	U5
Battle of Bosworth Field 博斯沃思原野战役	U4	Dominican 多明我会会士	U5
Bayle, Pierre 皮埃尔·培尔	U6	*Edict of Milan*《米兰敕令》	U2
Beethoven, Ludwig van 路德维希·凡·贝多芬	U7	Edward VI 爱德华六世	U5
Bethlehem 伯利恒	U3	Eliot, T. S. 托·斯·艾略特	U8
Boleyn, Anne 安妮·博林	U5	Elizabeth I 伊丽莎白一世	U5
Byron, George Gordon 乔治·戈登·拜伦	U7	Emerson, Ralph Waldo 拉尔夫·瓦尔多·爱默生	U7
Caesar, Gaius Julius 盖乌斯·尤里乌斯·恺撒	U2	Encyclopédie《百科全书》	U6
Cain and Abel 该隐与亚伯	U3	Enlightenment 启蒙运动	U7
Cambridge University 剑桥大学	U6	Erasmus, Desiderius 德西德里乌斯·伊拉斯谟	U5
Canaan 迦南	U3	Eurystheus 欧律斯特斯	U1
Catherine of Aragon 阿拉贡的凯瑟琳	U5	Fauvism 野兽派, 野兽主义	U8
Catholicism 天主教	U5	First Triumvirate(古罗马)前三头(同盟)	U2
Centaur 人马怪肯陶洛斯	U1	Fitzgerald, F. Scott 菲茨杰拉德	U8

Five Good Emperors 罗马五贤帝	U2	Julian Calendar 儒略历	U2
Franklin, Benjamin 本杰明·富兰克林	U6	Justinian Code/Corpus Iuris Civilis《查士丁尼法典》	U4
Frank 法兰克人	U4		
French Revolution 法国大革命	U7	Kant, Immanuel 伊曼努尔·康德	U6
Freud, Sigmund 西格蒙德·弗洛伊德	U8	Keats, John 约翰·济慈	U7
Futurism 未来主义	U8	King David 大卫	U3
Galilee 加利利	U3	Kingdom of Aragon 阿拉贡王国	U5
Galilei, Galileo 伽利略·伽利莱	U6	LaComédie Humaine《人间喜剧》	U7
Gauguin, Paul 保罗·高更	U8	Last Supper 最后的晚餐	U3
Giottodi Bondone 乔托	U4	Latin 拉丁语	U2
Goethe, Johann Wolfgang Von 约翰·沃尔夫冈·冯·歌德	U7	Le Corbusier 勒·科比西埃（又译柯布西耶）	U8
		Le Dejeunersur l'Herbe《草地上的午餐》	U8
Gospel 福音书	U3	Le Père Goriot《高老头》	U7
Gothic Architecture 哥特式建筑	U7	Le Sacre Du Printempts《春之祭》	U8
Gray's Inn 格雷律师学院	U6	Locke, John 约翰·洛克	U6
Hades 哈迪斯	U1	Lucas, George 乔治·卢卡斯	U8
Halley, Edmund 埃德蒙·哈雷	U6	Luther, Martin 马丁·路德	U5
Hannibal 汉尼拔	U2	Lycurgus 莱克格斯	U1
Harpy 鸟身女妖哈皮	U1	Magi 东方三博士	U3
Hegel, Georg Friedrich Wilhelm 黑格尔	U7	Malachi 玛拉基书	U3
Hemingway, Earnest 欧内斯特·海明威	U8	Manet, Edouard 爱德华·马奈	U8
Henry Ⅷ 亨利八世	U5	Marx, Karl 卡尔·马克思	U8
Heracles 赫拉克勒斯	U1	MaryⅠ 玛丽一世（血腥玛丽）	U5
Hera 赫拉	U1	Matisse, Henri 亨利·马蒂斯	U8
Herod 希律	U3	Mediterranean Sea 地中海	U1
Holy Bible 圣经	U3	Memorabilia《回忆苏格拉底》	U1
Howard, Catherine 凯瑟琳·霍华德	U5	Messiah 弥赛亚	U3
Hugo, Victor 维克多·雨果	U7	Mies van der Rohe, Ludwig 路德维希·密斯·凡·德·罗	U8
Humanism 人文主义	U5		
Impressionism 印象主义	U8	Milton, John 约翰·弥尔顿	U5
Innocent III 英诺森三世	U4	Minor, Octavia 小奥克塔维亚	U2
Intellectualism 理智主义	U7	Modcrnism 现代主义	U8
Interior monologue 内心独白	U8	Modernist Architecture 现代主义建筑	U8
Isaiah 以赛亚书	U3	Modernist Art 西方现代派美术	U8
Jefferson, Thomas 托马斯·杰斐逊	U6	Mohammed II 穆罕默德二世	U2
Jerusalem 耶路撒冷	U3	Montesquieu 孟德斯鸠	U6
Job 约伯记	U3	Moses 摩西	U3
Judea(Judaea) 朱迪亚	U3	Mount Olympus 奥林匹斯山	U1

Mount Zion 圣殿山	U3	Representational art 具象艺术	U8
Muhammad 穆罕默德	U4	Roman Architecture 古罗马的建筑	U2
Narcissus 那喀索斯	U1	Roman Law 罗马法	U2
National State 民族国家	U4	Roman Religion and Mythology 古罗马的宗教与神话	U2
Nature《论自然》	U7		
Nazareth 拿撒勒	U3	Roman Senate 罗马元老院	U2
Newton, Isaac 艾萨克·牛顿爵士	U6	Romanticism 浪漫主义	U7
Nietzsche, Friedrich 弗里德里希·尼采	U8	Rousseau, Jean-Jacques 让-雅克·卢梭	U6
Nike 尼姬	U1	Russell, Bertrand 伯特兰·罗素	U6
Ninety-Five Theses《九十五条论纲》	U5	Schumann, Robert 罗伯特·舒曼	U7
Noah's Ark 诺亚方舟	U3	Scientific Revolution 科学革命	U6
Norman Conquest 诺曼征服	U4	Second Triumvirate 后三头同盟	U2
Norman 诺曼人	U4	Septuagint 七十士译本	U3
Oedipus Complex 俄狄浦斯情结	U1	Seymour, Jane 简·西摩尔	U5
Oedipus 俄狄浦斯	U1	Shakespeare, William 威廉·莎士比亚	U1
Official Secrets Act 官方机密法（禁止泄露政府机密的法规）	U8	Shelley, Percy Bysshe 珀西·比西·雪莱	U7
		Situational ethics 境遇伦理学	U8
Oliver Twist《雾都孤儿》	U7	Skepticism 怀疑论/怀疑主义	U6
Otto I (the Great) 奥托一世	U4	Socrates 苏格拉底	U1
Oversoul 超灵	U7	Sophist 智者派	U1
Palestine 巴勒斯坦	U3	Sparta 斯巴达	U1
Pandora 潘多拉	U1	Sphinx 斯芬克斯	U1
Parr, Catherine 凯瑟琳·帕尔	U5	Spielberg, Steven 史蒂文·斯皮尔伯格	U8
Pegasus 佩加索斯	U1	Spinoza, Baruch 巴鲁赫·斯宾诺莎	U6
Peloponnesian War 伯罗奔尼撒战争	U1	Stone, Oliver 奥利弗·斯通	U8
Petrarch, Francesco 弗朗西斯克·彼特拉克	U5	Stravinsky, Igor 伊戈尔·斯特拉文斯基	U8
Picasso, Pablo 巴勃罗·毕加索	U8	Stream-of-consciousness 意识流	U8
Plato 柏拉图	U1	*Sturm und Drang* 狂飙运动	U7
Pompey 庞培	U2	The Book of Esther 以斯帖记	U3
Pope, Alexander 亚历山大·蒲柏	U6	the Carolingian Renaissance 卡洛林文艺复兴	U4
Poseidon 波塞冬	U1	the Chartres Cathedral 沙特尔大教堂	U4
Postmodernism 后现代主义	U8	the Cluny Reform 克吕尼改革	U4
Post-Impressionism 后印象主义	U8	the Garden of Eden 伊甸园	U3
Protestantism 基督教新教	U5	*The Hunchback of Notre Dame*《巴黎圣母院》	U7
Punic Wars 布匿战争	U2	The Law (Torah) 律法书（托拉）	U3
Rabbi 拉比	U3	the Legacies of Rome 古罗马文化遗产	U2
Reformation 宗教改革运动	U5	the Legend of Rome 罗马的传说	U2
Renaissance 文艺复兴	U5	the Middle Ages 中世纪	U4

the Rise and Spread of Christianity 基督教的兴起与传播 U2	Trojan War 特洛伊战争 U1
the Roman Empire 罗马帝国 U4	Tudor, Arthur 亚瑟·都铎/威尔士亲王 U5
the Royal Society 英国皇家学会 U6	Unitarianism 独神论 U7
The Tanakh 塔纳赫 U3	University 大学 U4
the tower of Babel 巴别塔 U3	Ur 乌尔（吾珥） U3
the United States Bill of Rights《美国权利法案》U6	van Gogh, Vincent 文森特·梵·高 U8
the Wars of the Roses 红白玫瑰战争 U4	Vinci, Leonardo Da 列奥纳多·达·芬奇 U5
Thoreau, Henry David 亨利·戴维·梭罗 U7	Visigoth Odoacer 奥多亚克 U2
Tolstoy, Lev Nikolayevich 列夫·托尔斯泰 U7	Voltaire, 伏尔泰 U6
Tower Green 格林塔, 亦称绿塔 U5	Wagner, Richard 理查德·瓦格纳 U7
Trajan 图拉真 U2	Wolff, Christian 克里斯蒂安·沃尔夫 U6
Transcendentalism 超验主义 U7	Woolf, Virginia 弗吉尼亚·伍尔芙 U8
Trinity College, Cambridge 剑桥大学三一学院 U6	Wordsworth, William 威廉·华兹华斯 U7
Trojan horse 特洛伊木马 U1	Xenophon 色诺芬 U1
	Zeus 宙斯 U1